2015 年度河北省社会科学发展研究课题（课题编号：2015031254）

京津冀区域协同发展的法律保障

谢 辉 魏 勃 张晓凤 著

知识产权出版社
全国百佳图书出版单位

图书在版编目（CIP）数据

京津冀区域协同发展的法律保障/谢辉，魏勃，张晓凤著．—北京：知识产权出版社，2015.12

ISBN 978-7-5130-3650-4

Ⅰ.①京…　Ⅱ.①谢…　②魏…　③张…　Ⅲ.①区域经济发展—法律保护—研究—华北地区　Ⅳ.①D927.202.29

中国版本图书馆 CIP 数据核字（2015）第 146860 号

内容提要

京津冀区域协同发展，既是解决区域环境问题、推进区域协调发展的战略需要，也是实现京津冀地区优势互补、打造以创新为特征的我国经济第三增长极的重要途径。本书在综合分析京津冀区域协调发展的优势、劣势、机会、威胁的基础上，试图对其协调发展程度做出理性的判断，全面地剖析京津冀区域协调发展中面临的问题，进而提出对京津冀协调发展具有针对性的策略建议，为协调发展提供法律保障。最终目的是通过这些措施可以促进京津冀区域平衡发展，推动未来京津冀地区协同发展，最终形成资源共享、优势互补、良性互动的区域联合体，达到良性的可持续发展。

责任编辑：刘晓庆　于晓菲　　　　　　　　**责任出版**：孙婷婷

京津冀区域协同发展的法律保障

JING JIN JI QUYU XIETONG FAZHAN DE FALÜ BAOZHANG

谢　辉　魏　勃　张晓凤　著

出版发行：**知识产权出版社** 有限责任公司	网　　址：http://www.ipph.cn
电　　话：010-82004826	http://www.laichushu.com
社　　址：北京市海淀区马甸南村 1 号	邮　　编：100088
责编电话：010-82000860 转 8363	责编邮箱：yuxiaofei@cnipr.com
发行电话：010-82000860 转 8101/8029	发行传真：010-82000893/82003279
印　　刷：北京中献拓方科技发展有限公司	经　　销：各大网上书店、新华书店及相关专业书店
开　　本：720mm×960mm　1/16	印　　张：14
版　　次：2015 年 12 月第 1 版	印　　次：2015 年 12 月第 1 次印刷
字　　数：210 千字	定　　价：48.00 元

ISBN 978-7-5130-3650-4

导　论

随着经济全球化和区域一体化的不断推进，全面统筹、可持续协调发展成为区域经济发展的重要途径和根本要求。区域经济发展不平衡是当今世界普遍存在的问题，也是我国经济发展中遇到的最大问题。区域经济发展不平衡已经成为我国经济发展的瓶颈，是我国政府努力调控的重要目标。统筹区域经济协调发展是树立和落实科学发展观的必然要求，是整个国民经济和谐、健康发展的基础和前提，是构建社会主义和谐社会的重要保障。

在我国改革开放的过程中，伴随着一系列地区经济发展不平衡、不协调的问题。由于各地区之间在资源条件、生态环境、劳动力资源以及体制和制度等方面存在差异，导致各地区经济发展极不平衡，经济发达地区与落后地区经济差异明显加大，东部地区凭借自身的地理、经济和文化等各方面优势，都获得了迅速发展。因此，在这样的背景下，探究区域经济协调发展的理念、理论基础及其带来的效果具有重要的现实意义。在新的历史条件下，如何使我国经济发展走上健康、协调发展的轨道，实现区域经济协调发展，就要强调区域内经济结构、产业结构、基础设施以及环境保护等方面的全面可持续发展，其最终的目标就是达到整个区域社会和谐发展。

2014年2月，习近平总书记提出京津冀协同发展的七点要求，标志着京津冀地区一体化发展进入新的阶段。习近平总书记关于京津冀协同发展的重要指示，使京津冀协同发展上升为重大国家战略，为该区域发展带来了千载难逢的历史性机遇。京津冀区域是我国北方规模最大的区域经济体，也是我国北方经济发展最活跃的区域，这里既是我国的政治文化中心，也是北方的经济中心，有着巨大的发展优势和潜力。近年来，京津冀区域作为中国经济新的增长极，日益显示出良好的发展态势和巨大的发展潜力，区域的发展取得了长足的进步，经济、社会突飞猛进，人民生活水平明显提高。但在发展的同时，我们又不得不看到一些问题，即京津冀区域在发展中并没有形成协调发展的态势，由于经济发展、文化资源、环境状况等诸多方面没有协同合作、共同发展，严重制约了区域经济的良性发展。在区域经济的发展过程中，产业结构单一、地方保护主义严重，区域内部各个方面缺乏协调发展以及行政壁垒逐渐成为了阻碍区域间进一步协同发展的问题，在城市布局、产业结构、基础设施水平等方面仍然存在诸多亟待解决的问题。与珠三角和长三角区域相比，京津冀区域的发展还受到一些制约因素的影响，其潜力尚未得到充分发挥。

推进京津冀地区协同发展的关键是加强顶层设计，从城市、产业、经济发展到生态环境建设，真正把京津冀作为一个整体进行规划，再由各地进行战略对接、规划对接、政策对接。本书旨在通过对京津冀区域的发展现状和存在问题进行分析研究，提出进一步加快该区域经济协调发展的若干对策和建议，建立以政策导引、合作共赢的京津冀区域协调发展的保障机制，构建区域协同发展的协调机制，以促进京津冀区域经济的快速发展。

目　录

第一章 绪 论

　　进入 21 世纪的第二个十年，社会继续飞速发展，科技持续进步，城市范围不断扩张，人类文明日新月异，发展是这个时代永恒的主题。随着全球一体化进程的加快，区域逐渐成为参与国际分工的基本单元，成为全世界瞩目的焦点，成为引领一个地区、一个国家发展进步的主体。区域的建设和协调发展已经成为我国的发展重点，并且已经成为我国战略、方针落实的基本单位。区域经济加速一体化，以若干大城市为核心的区域日益成为我国区域经济发展的主要形式。随着中国城市化脚步的加快，中国区域的发展呈现蓬勃兴起的态势。促进区域协调发展和城镇化健康发展已成为"十二五"国家发展规划的一项重要战略举措。但纵观我国当前区域发展及区域战略，在发展的同时，也存在许多问题。在以往的观念中，每个城市的发展建设都是相对独立、相互雷同的，甚至是相互矛盾的，这样做的结果不仅会导致大量城市重复建设，城市之间恶性竞争，还会造成生态环境的破坏，浪费巨大的宝贵资金。大量实践证明，盲目建设、恶性竞争、割裂发展的时代已经过去，在新一轮城市化建设高潮到来之际，将区域规划建设融入各地城镇体系的发展大计中，将城镇规划建设与区域发展规划同步协调完成，不仅有利于充分培育和发展现有城镇的综合竞争力，而且会取得更大的经济、社会效益，还可以实现真正意义上的区域协调可持续发展。

　　本书以京津冀区域为研究对象，通过查阅大量参考文献和历年京津冀区域的历史数据，在前人理论研究的基础上，结合京津冀区域的实际，综合分析京津冀区域协调发展的优势、劣势、机会、威胁。最后，提出了京津冀区域协调发展的策略，为协调发展提供决策支持。首先，从区域发展概念入手，在研究区域相关理论基础上，对区域发展进行理论探讨。然后，通过对欧洲区域发展、美国区域发展、亚洲区域发展等国外相关区域发展现状及发展演变规律的分析，同时结合中国区域发展的历程、现状及特点，并对中外区域发展进行了比较分析，指出中国区域建设发展存在的问题，为京津冀区域建设提出合理性建议，确立京津冀区域发展的规划目标。最后，明确京津冀区域发展的战略选择和战略构想，并提出了推动京津冀区域整体协调发展的对策建议，为今后加快推进京津冀区域规划建设提供了依据。

一、研究京津冀区域协同发展的背景

随着改革开放的深化和我国逐步融入全球产业链，我国各地区的经济发展步入了快速轨道。其中以广州为核心的珠江三角洲和以上海浦东新区为核心的长江三角洲地区先后经历了区域经济的快速发展。京津冀地区是环渤海的核心地区，已成为我国经济发展的第三增长极。目前国家已经形成了明确的区域战略发展格局，国家开发重点由珠三角、长三角逐步转到了京津冀地区，由此可见，京津冀地区的协调发展至关重要。环渤海地区作为我国第三个增长极，将延续区域的又快又好的发展。以滨海新区为核心的京津冀地区处于环渤海地区的核心地带，极具增长潜力。在京津冀地区的经济发展不断加快的同时，也面临着诸多问题，如产业结构的调整、环境保护和资源的使用，以及各行政区的政府间的竞争与合作等。在新的历史时期和国际环境不断变化的形势下，京津冀区域又好又快的发展不仅关系到本地区的发展，同时对全国其他地区的经济发展也具有借鉴意义。

目前，京津冀区域的协调发展虽取得了一些进展，但由于受到行政区划的影响，尚未达到预期的效果，仍处于初级发展阶段，区域一体化的水平不高，体制的建立尚不健全，有待进一步深化。与长三角和珠三角区域产业发展相比，京津冀还存在比较大的差距，这一点在产业的协调和互动发展上体现的尤为明显。京津冀之间尚没有形成合理的产业分工，上下游相关产业联系很少，未形成有效的产业价值链，产业配套能力不强；产业规划仍然限制在行政区范围内，缺乏区域层面的统筹协调，竞争资源等矛盾突出，导致区域整体发展相对缓慢。此外，京津冀中心城市与周边地区的实力差距甚为明显，周围有一些贫困地区，出现了经济断裂带。本书就此问题进行研究，希望能对京津冀区域的发展有所裨益。

二、研究京津冀区域协同发展的目的

促进区域协调发展是国家"十二五"规划提出的一项重要战略举措。中央提出要实施区域发展总体战略和主体功能区战略，构筑区域经济优势互补、主体功能定位清晰、国土空间高效利用、人与自然和谐相处的区域发展格局，积极支持东部地区率先发展，发挥东部地区对全国经济发展的重要引领和支撑作用，推进京津冀、长江三角洲、珠江三角洲地区区域经济一体化发展，打造首都经济圈，重点推进河北沿海地区等区域发展，使其在更高层次参与国际合作和竞争，在改革开放中先行先试，在转变经济发展方式、调整经济结构和自主创新中走在全国前列。这就为京津冀区域加快发展、率先发展进一步指明了方向和目标。

区域对经济发展的龙头示范效应和辐射带动作用，是中小城市和小城镇经济无法取代的，大力发展区域经济意义重大。改革开放以来，中国的经济走了一条由赶超战略向比较优势战略的道路，在整个发展过程中，区域的发展具有至关重要的作用。而区域的开放又引发了我国城镇空间格局的巨大变动，我国已经初步形成珠三角、长三角和京津冀三个世界级的城镇密集地区，这些地区已经成为我国经济发展的发动机，引领我国经济的发展。以此为依托，香港、上海、北京也跻身世界城市的行列，在全球城市功能组织上占有重要地位。

为了更好地指导区域经济发展，我们有必要深入研究区域经济尤其是区域经济发展的理论，对国内外区域经济发展的经验进行认真梳理，取长补短，并在实践中检验、创新。基于此，本书在梳理区域发展理论，考察和借鉴国内外相关实践的基础上，调研京津冀区域发展概况及其趋势，确定京津冀区域的定位和发展战略，并就如何推进战略提出相应的对策建议。

随着区域经济发展的升温，以清华大学吴良镛教授发布的《京津冀地区城乡空间发展规划研究报告》为标志，❶ 有关京津冀区域经济发展的研究和讨论日渐增多，并引起了国家相关部门和三省市的广泛关注，一些研究成果逐步落实到政府规划层面。京津冀区域成为重点发展区域，滨海新区发展上升为国家战略，将京津冀经济一体化推向了一个新的高潮。反思这股热潮，恰恰说明了京津冀区域经济发展的不足，尤其是作为我国三大传统经济区之一，明显落后于其他两个区域。因此在推动京津冀区域经济一体化的热潮中冷静思考、分析京津冀经济一体化的深层次问题是当前面临的主要任务。

随着我国改革开放政策的实施和社会主义市场经济的逐步发展，我国的经济发展由单个行政区向区域性的方向发展，这同时也反映了在经济全球化的大背景下，我国经济同世界经济正在接轨。不论是从城市角度，还是从产业发展等角度来看，集群特征非常明显。京津冀地区是我国区域较为密集的区域之一，这里有渤海湾港口群和密集的产业集群。就经济发展的先天条件来讲，在我国的经济整体格局中占有极其重要的地位，但是与长三角地区和珠三角地区的整体发展情况相比，则显得有些落后，这突出地显示在区域经济联动发展方面，北京和天津的扩散效应还没有充分发挥出来，对周边地区的辐射作用还有待提高，目前环京津贫困带就是经济断裂区，京津与这些地区的各项经济指标差异较大。

与长三角地区、珠三角地区相比，京津冀区域内整体城市化的水平较低。长三角地区城市密度大，作为核心城市的上海发展较快，周边的苏南和浙北的经济自宋代以来就非常发达，整个区域的综合实力较强。珠三角地区的核心城市广州的区位高度不如上海那样突出，但周边的中等城市较多，各城市的发展水平较为均衡，所以区域的发展也比较快。京津冀地区有双核城市北京和天津，周边的城市密度较小，除了唐山市，周边城市的经济发展程度和

---

❶ 吴良镛,等. 京津冀地区城乡空间发展规划研究二期报告[R]. 北京:清华大学出版社,2006.

城市化水平与京津差距较大。京津冀城市间的合作与共同发展是整个京津冀地区发展强大的重中之重。各个城市应发挥自身的优势，进而形成区域发展的特点，走差异化的道路，实现共同发展。京津冀区域的发展首要的是明确区域总体功能定位，之后在空间范围内明确区域内各城市的定位，尤其是京津的功能定位。京津作为区域内的中心城市，有其自身的中心区域和辐射区域。同时，区域内的其他城市也都要承担一个或几个特定的功能，这些功能要与京津有差异，这样才能形成城市功能的互补，提升区域的整体竞争力。

三、研究京津冀区域协同发展的重要意义

随着世界经济全球化和区域经济一体化进程的加快，世界经济的竞争不再仅仅表现为单个城市或国家间的竞争，而是越来越多地表现为以核心城市为中心的城市群和大都市圈的竞争。伴随着区域经济的迅猛发展，我国涌现出了一批具有相当实力的区域经济体，目前我国已经形成了长三角、珠三角、京津冀三个较为成熟、规模较大的都市经济区。2011 年，三大经济区生产总值占全国 GDP 总量的 43.5％，已经成为带动我国经济发展的"领头羊"。❶京津冀地区同属一个经济圈，地缘、人缘、业缘具有天然联系。作为环渤海经济圈核心的京津冀地区是我国北方最大的产业密集区和区域经济体，它是我国继长三角和珠三角之后最具有发展潜力的经济区域，是新时期我国经济发展的新动力，具有经济基础好、科技力量强、地理位置优越等多方面的经济优势。

区域经济发展不平衡是世界各国经济发展过程中会遇到的问题，也是各国经济学者研究的核心问题之一。区域发展不平衡是中国经济发展的客观经济现象，京津冀地区也不例外。改革开放以后，我国采取了重点地区发展的经济政策，市场的力量进一步拉大了贫富差距、城乡差距以及地区发展的差距。同时，区域内的差距也十分明显，如京津冀中心城市和其周边地区。这

---

❶　马海龙. 京津冀区域协调发展的制约因素及利益协调机制构建[J]. 中共天津市委党校学报，2013(3).

些差距成为影响改革和稳定的重要因素之一。在当前形势下，建立符合京津冀地区的区域经济协调制度并使其发挥作用十分必要。

京津冀地区属于同一个经济区域，在产业、基础设施、环境保护等方面已有一些合作，但由于长期受计划经济和行政区划经济的影响，区域合作现在有待加强，京津冀区域合作仍处于初级发展阶段，区域一体化的体制尚未建立。与长江三角洲、珠江三角洲区域一体化进程相比，仍然存在很大差距。由于京津冀地区的行政区划限制了产业分工与合作，区域内经济的联系较弱，经济分割性较强，产业结构水平差距较大，缺乏有效公平的产业协调发展机制，影响了京津冀区域整体实力的发展。产业合作十分有限，区域之间没有形成合理的产业分工，上下游相关产业联系很少，尚未形成有效的产业价值链；产业规划仍然限制在行政区范围内，缺乏区域层面的统筹协调，竞争资源等矛盾突出，导致区域整体发展相对缓慢。在全球区域合作和经济一体化进程加快的背景下，面对当前国内外的竞争压力，如何推动京津冀地区协调发展并提升区域综合实力和整体竞争力，具有重要的理论意义和现实意义。

因此，需要探寻影响区域协调发展的制约因素，推动区域协调发展。面对加快经济发展方式转变这一新的时代要求，研究京津冀区域协调发展模式，加强研究京津冀地区区域经济的协调和一体化进程，构建促进统一的产业协调机制，充分发挥其作为我国经济增长"第三极"的作用，对于提升京津冀区域经济实力，带动我国中西部地区经济的发展，加快我国经济发展方式的转变，完善我国区域经济协调发展的新格局都具有十分重大的现实意义和理论意义。加快构建京津冀区域发展新格局，是顺应国内外产业升级新趋势，适应环渤海地区加速崛起，推进京津冀区域经济一体化发展的现实要求。

（一）提升区域竞争力

从世界主要发达国家区域与中国区域对经济增长贡献度的比较分析来看，中国三大主要区域对经济增长的贡献度仅相当于日本三大区域的一半，距离美国三大区域的差距也非常大，这说明中国区域集中度依然不够，对经济增长的拉动作用依然有待提高。这就要求以京津冀、长三角、珠三角为代表的区域，必须着力提高科技创新能力，加快国家创新型城市和区域创新平台建设；着力推进体制机制创新，率先完善社会主义市场经济体制；着力培育产业竞争新优势，加快发展战略性新兴产业、现代服务业和先进制造业；着力增强可持续发展能力，进一步提高能源、土地、海域等资源利用效率，化解资源环境瓶颈制约。以京津冀区域为代表的区域必须通过科技和体制机制方面的创新，以及产业结构调整升级，在科学发展观的指导下走可持续发展道路，才能充分发挥集聚、辐射和带动作用，不断提升区域竞争力。

（二）有利于破解城市化难题

改革开放以来，我国的城市化水平逐年提高，1978 年，我国城市化水平为 17.9%，2000 年为 36.09%，2010 年提高到 47.5%，从 2000 年到 2010 年，我国城市化水平平均每年提高 1.04 个百分点。粗步估算，到 2030 年迎来人口高峰时，我国人口总量为 16 亿。按届时 75% 的城市化率计算，城市人口总量为 12 亿。❶ 按照这样的发展速度计算，单纯小城镇发展模式、中等城市发展模式、大城市发展模式都是无法从根本上解决问题的，特殊的国情要求我们必须走区域发展模式，通过区域的发展，以点带面，形成广泛的城市聚集效应，就地将农民转化为城市居民，形成梯次产业分工格局，才能实现城市化的平稳过渡，保证安民富民。

（三）有利于开展区域规划和管理，协调各方利益

在深入研究区域发展理论，借鉴国内外区域发展的经验和教训的基础上，科学谋划京津冀区域产业结构布局和区域内各主要城市的协调分工、功能定位，避免盲目无序竞争带来的内部损耗，减少资源消耗和重复利用，构建多层次差异化并可持续发展的空间发展战略格局，引导区域内各级城市制定科

---

❶ 马铁臻. 我国城市规划的困境分析[J]. 中央民族大学学报,2008.

学合理的用地布局、产业布局、基础设施建设、环境保护战略等，充分考虑和协调各方利益，最大限度寻求共识，统一各方行动，最终达到区域整体协调发展的目的。

（四） 有利于京津冀区域协同发展

第一，环京津和环渤海是河北省区域发展的优势和推动力，构建京津冀区域发展新格局，有利于促进河北省的环京津区域和沿渤海区域的良性互动和协调发展。第二，构建京津冀区域发展新格局，有利于带动河北省产业结构调整和生产方式转变，提升产业发展层次和水平，构建河北省的现代产业体系；有利于引导河北省生产要素优化配置，推进产业加速聚集，提升发展质量和竞争力，形成优势互补、良性互动的区域发展新格局。第三，有利于加强河北省与京津的分工与合作，实现与京津产业对接和互动，并有效承接京津产业转移，培育形成新的战略增长极，提升在京津冀都市圈产业分工中的地位；为京津城市功能拓展和产业转移提供空间，促进京津冀地区一体化发展。

四、京津冀区域协同发展的紧迫性

（一）在世界经济危机形势下，中华民族正在加快伟大复兴的步伐，而以京津冀为核心的环渤海地区，已经成为我国经济加快发展的第三增长极。国家形成了明确的区域发展战略格局，要求东部地区率先发展，而京津冀都属于东部地区。改革开放 30 年来，国家开发开放重点由南向北，逐步推进，现在转到了京津冀和环渤海地区。这个地方联合起来快速发展，对于整个国民经济的发展，具有重大战略意义。

（二）近年来，国家对京津冀分别明确了城市和地区定位，希望三地进一步合理分工、协调布局、扬长避短、发挥优势，形成区域整体综合实力。应该按着科学发展观和全国区域总体战略布局的要求，把京津冀一体化发展作为重要的指导思想和规划内容。

（三）京津冀区域向着一体化发展的趋势明显增强，既有需要也有条件在全区域实行更大规模的资源整合、社会化生产和现代化经营与管理。如果合理分工，合作发展，会扬长避短，产生巨大的生产力，为国家做出重大贡献。如果分割开来各自发展，会造成极大的重复和浪费，可能会造成无法弥补的历史性遗憾和损失。京津冀的发展需要作为一个整体进行更全面、更系统、更综合、更具有可操作性的研究。

（四）京津冀地区蕴藏着巨大的发展潜能，具备区位、资源、产业、技术、人才等多方面优势，但发展综合实力和发展水平，与长三角地区和珠三角地区还有许多差距，需要通过一体化发展，进一步整合资源，优化结构，聚集能量，形成最大的综合优势，取得最大的整体效果。京津冀联合虽然多年来做了大量工作，取得了很多进展和成绩，但还没有形成全局性的目标、规划、部署与举措。人们对京津冀一体化的认识在不断提高，但对许多重要问题的认识还不一致。需要进一步提高一体化发展的自觉性、主动性和积极性，制定明确的统一协调的目标、规划、方针、政策和措施。京津冀地区有越来越便利的环境和条件，可以在更大程度上摆脱行政隶属关系的束缚，通过市场调节和行政推动，按照客观经济规律办事。

五、国内外区域发展的研究现状

国外对区域经济发展问题的研究，最早可以追溯到以 1826 年德国杜能《农业和国民经济中的孤立国》（第一卷）的出版为标志的区位论，但真正在现代区域经济研究领域比较成型的成果主要是：20 世纪 50 年代末 60 年代初，缪尔达尔的"循环累积因果论"、赫希曼的"核心与边缘区理论"和伊萨德的"国家干预政策"。❶ 之后，国际上关于区域经济问题的研究基本上围绕三个领域展开：一是区域经济增长速度与区域内地区间的均衡发展问题，重点研究区际关系；二是针对特定地区的经济开发问题研究地区发展战略和

---

❶ 刘邦凡 . 河北沿海地区发展与京津冀区域经济一体化研究综述 [G] // 学习"十八大"精神与河北沿海地区发展论坛论文集 .

综合布局；三是关于区域经济研究中的数学模型问题。国内相关研究主要涉及两个层面。一是区域经济一体化一般性研究。主要针对世界经济一体化及欧盟一体化、经济全球化与区域经济一体化的关系、区域经济一体化的模式、一体化的实践及其成因、发展与对策的研究。二是京津冀区域经济一体化研究。主要围绕以下四个方面：1）京津冀区域空间一体化研究。2）京津冀区域产业一体化研究。3）京津冀区域经济一体化的发展战略研究。4）京津冀区域经济一体化的其他层面研究。

第二章 区域发展战略的理论基础

第一节 相关理论基础

一、区域与区域经济协调发展的概念

1957 年,法国地理学家戈特曼(Jean Gottmann)首次提出"大都市圈"理论。区域,是一个为各门学科广泛使用的空间范畴,作为地域空间,区域既是一个有确切方位和明确边界的实体,又是一个人们在观念上按某些要素集合而成、往往没有严格边界的空间概念。不同学科对区域有不同的解释。地理学认为,区域是地区表面的地域单元。社会学把区域看作具有共同语言、共同信仰和民族特征的人类社会聚落。从行政观点看,区域是国家管理的行政单元。在经济学中,人们通常把区域看作人类经济活动的空间载体,是指人们的经济活动所造就的、具有特定地域构成要素、不可无限分割的经济社会综合体。就区域的本质而言,它是地球表面上占有一定空间的、以不同的物质客体为对象的地域结构形式。❶

区域经济属于经济学上的概念,通常是空间资源组成的地区经济集合体,是国民经济的组成部分。区域经济关系是有层次的,分第一层次和第二层次,第二层次是指地方政府在国家宏观政策的指导下,通过制定具体的发展规划、

---

❶ 黄河,王兴运.经济法学[M].北京:法律出版社,2008:291-292.

战略规划和经济措施自主调节本地区经济发展，促进地区利益的最大化。在区域经济学中，经济增长极理论认为，区域经济发展就是极化效应和扩散效应交替发挥作用的过程，即经济增长并非以均衡的速度发生在区域内所有的地方，而是首先以较大的强度出现在增长极上，然后通过不同的渠道向周围地区扩散，进而对整个区域经济产生不同程度的影响。弗里德曼的"核心-边缘理论"系统描述了区域发展阶段与相应的空间结构演替次序，随着经济的发展，区域空间结构逐渐由低水平均衡阶段—极核发展阶段—扩散阶段—高水平均衡阶段演变。

区域经济协调发展，是指充分发挥各区域内部各地域之间的比较优势，经济优势和特殊功能的条件下，实现区域内的社会经济发展水平、个人收入水平、公共福利水平、综合经济实力等诸多经济指标大体一致。❶区域经济协调发展是落实党中央的科学发展观和构建和谐社会的物质基础和最本质的核心内容，从空间的角度看，它主要指部门、行业、产业分布、结构转换及其发展水平方面的统筹协调发展；从社会角度看，主要指社会进步，收入分配、人民生活水平方面的和谐与发展。❷根据以人为本的科学发展观，区域经济协调的最主要的三大目标：一是要缩小经济发展的差距；二是要缩小社会发展的差距；三是要缩小收入分配的差距。

二、区域规划理论

为解决工业革命后城市过度膨胀、无序扩张，人口密度过大、缺乏空地及绿化、生活环境质量差、公共设施少且分布不合理，以及由此而引起的生态环境恶化、空间布局混乱等城市病，霍华德的"田园城市"理论提出要突破城市的界限，将城市和周围乡村联系起来统筹考虑城市的发展问题，为区域规划理论奠定了初步的基础，体现了最朴素的区域规划思想。随着实践经

---

❶ 刘大洪. 经济法学[M]. 北京:北京大学出版社,2007:294.
❷ 司正家,马海霞. 新疆区域经济协调发展的理论、战略与实践[J]. 新疆师范大学学报,2006 (3):36.

验的积累，区域规划的理念逐步清晰，1930 年，美国著名学者路易斯·芒福德提出了区域整体发展理论，1933 年，《雅典宪章》指出，城市与其周围区域之间存在着基本的统一性，1977 年，《马丘比丘宪章》又重申了这一点，指出规划必须在不断发展的城市化进程中反映出城市与其周围区域之间基本的动态的统一性，并且要明确地区之间以及其他城市结构单元之间的功能关系。

伴随区域的不断涌现，区域规划及发展战略研究成为新的命题。区域规划是在一定地域范围内国民经济建设的总体部署，是对区域空间发展的战略性指导。区域规划研究的是特定区域与周边区域发展的协调问题，在深入研究宏观背景的基础上，通过将产业结构调整与空间布局紧密结合，引导生产要素的空间流动，并从经济发展和环境建设等方面提出重组区域空间结构的支撑体系，据以指导城市规划和发展。

三、区域理论对城市发展战略的指导意义

任何实践离不开科学理论的指导，区域理论是前人在总结以往城市建设和发展的失败与成功经验基础上升华提炼而成的，它以区域经济、城市规划、区域规划等理论为基础，对城市内部、外部的联系和资源配置进行深入的研究分析，将一定地域范围内的城市按一定的内在关联因素进行对比分析和优化组合，寻求资源配置的最佳解决方案，以促进区域内各城市协调发展，对解决当前城市发展过程遇到的各种弊端和问题具有很强的针对性和实用性，区域理论的研究对当前和今后我国城市的发展都起着十分重要的指导作用。通过对区域理论的学习、研究和探讨，我们能科学把握城市的发展规律，对区域范围内的各个城市给予准确定位，明确空间结构布局和产业布局，构建起层次分明、分工合理、协作共赢的区域，推动城市及区域经济社会又好又快的发展。

四、区域经济协调发展的理念依据

（一）区域经济协调发展的经济法理念

理念（Idea）是西方哲学史的重要范畴，指一种理想的、永恒的、精神的普遍范围。"理念"一词源于古希腊文，原意是见到的东西，即形象。❶ 在现代汉语中，理念被理解为思想、观念、信念，以及认定和追求的某种目标、原则、方法等。❷ 经济法的理念，是指经济法的指导思想、基本精神和立法宗旨，是对经济法起长效作用的文化内涵。❸ 主要内容有：整体效益理念、平衡协调理念、实质正义理念、经济秩序理念、以不公平求公平理念，本书主要论述与题目紧密相关的平衡协调理念。

现代经济法已经从早期仅具有克服"市场失灵"的单一功能，发展到具有同时克服"市场失灵"和"政府失灵"的双重功能，从早期政府单纯的强硬有力的干预手段，发展为同时或交替使用协调手段和干预手段，且更加注重对协调手段的使用，协调是社会系统保持稳定的重要途径。但社会的协调发展往往又离不开国家的干预，经济法就是国家调控的具体体现之一，其直接目的是要解决经济发展中宏观、中观和微观、全局与区域、纵向与横向、经济集中与经济民主、秩序与自由、社会整体与个体、一国不同产业部门经济发展之间等诸多复杂的矛盾，进而促进经济与社会的协调发展。

就经济法的协调而言，又有两层含义：一是目的层面的协调。协调意味着社会经济系统各个领域相互促进、相互协同、相互适应、共同发展的状态和过程，这本身就是经济法的重要目标。二是手段层面的协调，具体表现在经济法的宏观调控和微观规制两个方面。在宏观调控方面，主要是对社会各经济活动进行指导、鼓励、提供帮助。经济法通过制订国民经济发展计划，

---

❶ 中国大百科全书·哲学[M]. 北京：中国大百科全书出版社，1987：465.

❷ 现代汉语规范词典[M] 上海：外语教学与研究出版社、语文出版社，2004：804.

❸ 徐孟洲. 论中国经济法的客观基础和人文理念[J]. 法学杂志，2004（4）：36.

发行国债，利用税率、利率、汇率等经济杠杆和其他财政、产业、税收、金融、信贷价格等手段，对国民经济发展进行综合协调，促进市场的整体运行效益，协调个别、微观的经济效益以取得国民经济整体效益的最优化，促进整个社会经济快速、均衡、稳定地发展。在微观规制方面，国家通过反垄断法、反不正当竞争法、消费者权益保护法、产品质量法等手段对社会经济进行个别调整，协调市场主体的经济活动，对市场竞争进行适度干预和管制，以排除市场障碍，让市场机制充分发挥对经济的调节作用，同时也保护市场中的弱者，促进市场经济有序、高效、良性地运行。在侧重维护社会公共利益的同时，又兼顾保护市场经济各主体的个体利益，以实现国家利益与个体利益在最大程度上的协调和平衡发展。可见，经济法的协调既具有手段性，又具有目的性，二者有机结合，统筹协调经济利益关系，促进、引导或强制实现社会公共利益目标与个人利益目标的统一，促进经济社会全面、协调和可持续发展。

（二）区域经济协调发展的经济学理念

在人文社会科学中，对区域经济发展研究最早、最多的是经济学中的发展经济学和区域经济学。对区域经济协调发展的经济学理论主要有新古典经济学的区域均衡增长理论、区域非均衡增长理论。一般而言，国际上流行的区域经济发展理论主要有以下几种：一是平衡发展理论——主张地区间、产业间平衡发展，适用于较高发展阶段和较小区域。二是梯度推进理论——主张产业和要素从高梯度到低梯度有序发展，适用于工业化初期的宏观经济布局。三是增长极理论——主张政府干预，集中投资，重点建设，适用范围较广。四是点轴开发理论——主张点与轴相结合的发展模式，适合于欠发达地区，对区域经济的推动作用较大。五是网络开发理论——主张加强增长点与面之间的联系，实现整体推进，适合于城乡一体化发展。因此，区域经济协调发展这一问题的提出，缘于在全球大国经济发展中存在着区域发展差距的客观事实，不同地区之间存在着经济基础、自然条件、地理条件、社会历史、文化环境等方面的诸多差异，由此形成了区域经济的发展模式或道路以及发展水平方面的差异，加之国家为了应对经济全球化的竞争，为实现一定时期内的战略目标，而对不同地区实行不同的政策或制度，从而必然带来区域间的发展差距，造成区域经济发展不平衡。在生产高度社会化的今天，一个国家的国民经济总是作为一个整体系统而存在，其根本的发展目标亦在于实现全国经济的协调可持续发展，而不是地区贫富差距扩大的经济发展趋势，从"空间"角度看，国民经济的整体系统是由不同的"区域经济"构成。整个国民经济的发展总是在区域经济的分工、互补、互动的发展过程中实现的。因此，区域经济是否协调成为制约整个国民经济能否可持续发展的关键，所有区域经济的核心就是缩小区域经济的差距使之达到"适度"，以实现区域经济的协调发展。

(三) 区域经济协调发展的社会哲学理念

区域协调发展是基于思考一个社会整体发展的结果，是社会发展观在区域经济发展中的体现，从哲学高度把区域协调发展的基础发展观作为社会观念的一种。与每一种社会观念一样，都与人们对社会的构成及其认识的方法论有关，发展哲学理念的"内核"就是方法论，整体主义方法论认为，社会科学研究社会行为时，社会被认为是经验对象，社会学用生物学研究动植物的方式来研究它们。这种方法的内容包括相互联系的方面：第一，总体性强调的是整体对部分的统辖原则。第二，社会性是主客体的互动过程，而不是纯粹客观性过程。主客体及其关系的概念是包含主体价值评论及主体意义的范畴。第三，总体性有结构与历史两方面。从历史讲，它是以主体为纽带的主客体相互作用的历史过程。❶ 需要强调的是，这种方法论虽然强调整体，但在整体中个体并没有被去掉，而被保存着。和谐辩证法认为，构成社会或事物的各组成部分或要素是相互适应的，和谐与均衡是人类社会或事物存在的正常条件。其主要内容有两个方面：第一，在承认世界是有机整体基础上，

---

❶ [匈]卢卡奇. 历史与阶级意识[M]. 杜辛智,译. 北京:商务印书馆,1992:47-76.

认为处于其中的人与人，人与自然是构成整体的不同"存在"。第二，在人类社会，人与人之间、人与自然之间及个人生活大的方面趋于和谐统一，而非冲突、战争，冲突、战争虽然存在，但只不过是一种对和谐的短暂偏离，最终还要回归和谐。

五、区域经济需要协调发展的原因

（一）市场失灵需要国家干预、协调理论

市场失灵是由于一定的因素使市场在资源配置方面呈现出低效甚至是无效运行的非理想状态。市场是实现资源优化配置的重要手段，但通过市场配置资源并不是完美无缺的方法，市场机制同样会有许多自身不可克服的缺陷，市场配置资源会出现一定的盲目性、滞后性。市场失灵在微观上表现为某种产品的供求失衡，中观上表现为区域经济或产业结构的失衡，宏观上表现为总供给和总需求的失衡。❶ 随着"市场失灵"在宏观经济领域凸现，靠价值规律的自发调节已经不能解决严重的经济问题。为此，需要国家的干预或宏观调控。❷ 在弥补区域发展差距方面，市场是有缺陷和失灵的，自由的市场经济的作用不能自动缩小区域经济差距而是扩大区域经济差距，事实上市场对有些问题是无能为力的，或者其自动均衡要耗费过多的资源，而宏观调控体现了人类的理智。通过人类的自觉行动可以以较短的时间、以较小的代价完成市场需要长期和付出巨大代价才能完成的均衡。❸

在西方发达资本主义国家的经济发展中，每个国家都存在着区域经济发展不平衡的现象，或者说是一个普遍存在的规律。因此，区域经济协调发展就成为西方发达国家经济发展永恒的主题。历史经验已经在市场经济发达国家的经济发展中得到证明：在区域经济发展中，市场往往"失灵或存在缺

---

❶ 单飞跃,卢代富. 需要国家干预—经济法视域的解读[M]. 北京:法律出版社,2005:123.

❷ 邢会强. 宏观调控权运行的法律问题[M]. 北京:北京大学出版社,2004:8.

❸ 顾功耘. 经济法[M]. 北京:高等教育出版社,上海社会科学院出版社,2003:17.

陷"，造成地区经济差距的扩大或区域之间的不公。特别是 1929 年以后的世界性经济危机，打破了亚当·斯密提出的"看不见的手"的神话，市场调节经济的完美和谐性不再被崇拜，于是国家这一"看得见的手"——国家干预主义应运而生。1934 年美国"罗斯福新政"和 1936 年凯恩斯的著作《就业、利息和货币通论》的发表，标志着西方国家干预市场经济的系统理论的正式诞生，以制定法律的形式抑制市场失灵和存在缺陷的问题。克服市场失灵需要国家或政府及时适度的干预市场失灵和市场缺陷、恢复市场机制有效配置资源的功能，缓解经济周期波动和各种社会矛盾需要国家干预、协调。凯恩斯理论的意义并不是简单的强调经济协调发展需要干预，更重要的在于对经济的控制，实际上是通过减少社会经济行动主体角色与人格需求的冲突，并力图控制我们可以控制的诸多因素，从而预防越轨和减少社会整合的时间，使经济运行更有效率。❶

（二）区域经济协调发展差异的客观基础

1. 市场机制的自动运行导致发展差异

不管是西方市场经济还是建设有中国特色社会主义的市场经济，要素运动的基本规律是要素追求报酬的最大化，市场机制的自动运行会导致区域发展差距的扩大或缩小。首先，从资金要素来看，经济发达地区、沿海地区是具有吸引力的经济增长点，经济发展的软硬环境良好，为资金的保值、增值提供了重要条件，这使得发达地区、沿海地区对经济落后地区的资金和外资有非常强的诱惑力。落后地区流入的资金和国外资本加上发达地区内自我积累的资金，使得发达地区可利用资金的数量远远大于经济落后的地区，这种资金获取和积累上的差距，进一步扩大了区域经济发展的差距。

从人力资源要素看，发达地区以其广阔的发展前景对欠发达地区的高素质人力资源、农村剩余劳动力产生很强的吸引力，从而使得发达地区一方面

---

❶ 祖章琼. 从社会结构功能理论的进路思考经济法的作用[J]. 贵州社会科学,2007(10).

保持了高素质人才储备的优势，另一方面，发达地区又保持了廉价劳动力的优势，这为产业结构的调整和升级作好了充分的高、中、低不同层次且合理搭配的梯度人才准备。经济发达地区在劳动力及人才储备上的优势必将导致区域发展差距的进一步扩大。改革开放以来，内地大量的廉价劳动力、高素质人才、资金纷纷涌入沿海开放发达地区，使沿海地区积累了要素获取和利用的优势，从而拉开和落后地区发展的差距。

2. 国家区域政策导致区域发展差异

在一定的历史时期，国家往往通过一定的区域政策调控国民经济运行，以实现对经济的宏观调控，实现国家的发展战略。如果国家对经济的调控采用区域差别化战略，必然会使一些区域从国家的干预行为中获得经济发展的净收益，而有的区域则发生经济收益的净损失。国家实施的差别化区域政策必然带来区域经济发展速度的不同，从而致使区域发展差距拉大。如改革开放以来，为了探索社会主义市场经济的发展路径，国家对经济特区和沿海开放城市实行的区域倾斜政策，使沿海地区首先获取了制度性的发展优势，从而使得沿海地区和内地发展差距迅速扩大。尤其以现在经济发展高速的深圳为例，就可以看出优惠与特殊政策的益处。

3. 不同经济主体自有的差异

区域经济发展过程中，市场经济领域中不同的经济主体有着不同的利益，各主体间物质利益分配不公，物质利益矛盾，利益格局安排不科学，其全部经济活动旨在追求利益实现效率最大化，容易导致不正当竞争、垄断等非效率现象的发生，必须用带有强制力的法律规范来引导、约束不同经济主体追求效率的行为。客观上需要协调各主体间利益的良性互动法律机制。

六、区域经济协调发展方式的转变

（一）从"经济增长"到"经济发展"方式的转变

20 世纪四五十年代以前，经济增长与经济发展被经济学界视为同一概念，很少使用经济发展一词。首先需要明确指出的是经济增长和经济发展同属于宏观经济学的范畴，但两者的概念不同，有着本质的区别。按照国内外公认的解释，经济增长偏重于数量的概念，主要是对不同时期投入变化导致产出数量的增加而用 GDP（国内生产总值）总量、GDP 增长率和人均 GDP 三个目标，经济增长是指一个国家或地区在一定时期内通过生产要素投入的增加或由于生产效率的提高，其经济规模在数量上的增加，表现为生产产品数量的增加和生产产值的增加。经济发展的内涵比经济增长复杂得多，它强调经济系统从小到大、由简单到复杂、由低级到高级的变化，是一个量变和质变相统一的概念，其中不仅包括生产要素投入后更多的产出和变化，"还包括产品生产和分配所依赖的技术和体制上的改变，也意味着产业结构由低级到高级不断演进和转换，以及各部门之间投入分布的改变，涵盖了生产力和生产关系，经济基础和上层建筑各个方面。"❶

我国转变经济发展方式价值取向的核心是落实在经济发展的"质"上，它蕴涵着转变经济增长方式，更含有结构（经济结构、产业结构、城乡结构和地区结构）运行质量，经济效益、收入分配、环境保护、城市化程度、工业化水平。❷ 因此，转变经济发展方式的内涵，不只是从外延增长向内涵增长的转变或者粗放型增长向集约型增长，应该包含经济增长的质量和效益并举转变。

（二）从"经济发展"到"区域经济协调发展"方式的转变

区域经济协调发展的实现目标是"区域之间经济发展的正向促进与良性互动"。区域经济，泛指一定区域内的人类经济活动。在与国民经济的关系上，区域经济是一个国家经济的空间系统，具有区域特色的国民经济；在一定区域方位内，区域经济是由各种地域构成要素和经济发展要素有机结合、多种经济活动相互作用所形成的、具有特定结构和功能的经济系统。区域经

---

❶ 程必定. 区域经济学[M]. 合肥:安徽人民出版社,1989:123.

❷ 李云正,张里,包勇贵. 党的十七大报告学习汇编[M]. 北京:中央文献出版社,2007.

济具有整体性、关联性、相对独立性和空间差异性。❶

差异显出优势，优势形成特色，正是从这个意义上说，我们所说的区域经济是具有区域特色的国民经济。区域政策的重要目标之一，就是要因地制宜，各展所长，优势互补，形成各具特色的区域经济。一个区域是由众多的地区组成，也涉及经济增长和经济发展的问题，现在必须形成良性循环的发展，使整体经济发展的效果更大，就要重视区域经济协调的发展。区域经济协调发展的内涵主要表现为两种：一是指区域经济发展过程中，区域内部之间在经济交往上日趋密切，相互依赖日益加深，在发展速度、发展内容上关联互动，从而达到各区域的经济持续发展的过程，其实质是实现均衡发展，这是现今普遍共识的看法。二是指区域间的地区结构、产业结构、生产力布局、贸易关系、利益关系的协调或全部内容的总合。

第二节　研究京津冀区域协同发展的理论基础

一、京津冀协同发展的内涵

所谓协同发展，就是指协调两个或者两个以上的不同资源或者个体，相互协作完成某一目标，达到共同发展的双赢效果。协同发展论已被当今世界许多国家和地区确定为实现社会可持续发展的基础。京津冀的协同发展，具体包括：生态环境保护合作、产业协同发展、人才资源合作、旅游合作开发。

经济一体化，指单独的经济整合为较大经济的一种状态或过程。在这一过程中，一种多国（省、市）经济区域的形成，在这个多国（省、市）经济区域内，贸易壁垒被削弱或消除，生产要素趋于自由流动。

区域经济一体化，指的是按照自然地域经济内在联系、商品流向、民族文化传统以及社会发展需要而形成的区域经济联合体。（静态）区域经济一

---

❶ 程必定. 区域经济学［M］. 合肥:安徽人民出版社,1989:123.

体化同时也是建立在区域分工与协作基础上，通过生产要素的区域流动，推动区域经济整体协调发展的过程。

都市圈的含义：（1）都市圈就是城市群。（2）都市圈是以大都市为依托的相关都市组成的在经济、产业、文化等方面有紧密联系，逐步融为一体的城市集合。（3）区域一体化的结果就是都市圈。世界首都经济圈，如纽约都市圈、伦敦都市圈、巴黎都市圈、东京都市圈、上海经济圈。

城市的存在与发展不是孤立的，必须以周围区域为依托，与附近城市互为支撑。只有在加强与外围城市合作交流的同时，促进外围城市之间的经济合作交流，加快产业转移，实现商品、生产要素、区域政策的一体化。因此，城市的经济功能已不再是在一个孤立的城市体现，而是由通过以一个中心城市为核心，同与其保持着密切经济联系的一系列中小城市共同组成的城市群来体现了。

二、京津冀区域协同发展的基础条件

京津冀城市间具有多种互补关系，有利于城市集群发展。首先，北京是我国的行政中心，人才聚集，财力充足，服务业发展迅速。天津的传统产业基础雄厚，制造业规模大、技术高、知识成果转化能力强。河北拥有丰富的矿产资源，劳动力成本较低。河北省的资源优势与京津的资金、技术、信息和人才优势互补。其次，京津农副产品的自给率较低，需要行政区划外的农业生产支撑，河北有借助京津科研、技术优势发展现代农业的需求。京津冀在现代农业经济发展方面具有互补性。最后，京津冀在航空运输、水路运输、公路运输、铁路运输的具体分工上也具有互补关系。

（一）京津冀区域发展的政治基础条件

改革开放以来，我国不断突破区域间资源与生产率的限制，加强区域经济合作和经济协调，在推动区域经济合作方面取得了一定的成效。早在 20 世纪 80 年代，京津冀区域合作的相关规划就已经提出，北京、天津和河北在区域经济合作就开始了尝试，组建环京经济协作区。进入 21 世纪后，以 2004 年"廊坊共识"为标志，三方开展了新一轮的经济合作。随着《环渤海地区经济发展规划纲要》的编制，"两环开放带动战略"的提出，关于京津冀协作与发展方面出现了大量的研究和讨论。京津冀都市圈区域规划成为国家战略讨论的重点，相应城市的地方政府在总体规划、协作发展的基础上进行了城市定位。

（二）京津冀区域发展的经济基础条件

京津冀城市经济总量大，生产总值增幅高。河北的经济总量高于京津，人均生产总值低于京津，以工业发展为主，农业比重较高，服务业比重较低。北京在通信设备、计算机及其他电子设备制造业，电力、热力的生产和供应方面具有优势。天津市在石油和天然气开采业、化学原料及化学制品制造业、医药制造业、黑色金属冶炼及压延加工业、金属制品业、通用设备制造业、专用设备制造业、交通运输设备制造业、水的生产和供应业均具有优势。河北在黑色金属矿采选业，黑色金属冶炼及压延加工业具有优势。在关联度方面，石油加工炼焦及核燃料加工业、医药制造业、金属制品业、农副食品加工业、非金属矿物制品业、电力热力的生产和供应业、食品制造业、皮革毛皮羽毛（绒）及其制品业、黑色金属冶炼及压延加工业，京津与河北的关联度均较强。

（三）京津冀区域发展的交通基础条件

京津冀区域铁路干线网络以北京、天津为主、副枢纽，货运年周转量占全国的 30％以上。❶ 城际铁路和高速铁路在通达性方面给京津冀区域发展带来了优势。京津冀城市间公路密集度在我国属于前列，高速公路与干线公路形成了"十纵七横"的网状布局。公路技术等级不断提高，公路通行能力和通达度稳步提升。京津冀城市群目前建有石家庄正定机场、秦皇岛山海关军

---

❶ 常兴华. 京津冀都市圈发展的 SWOT 分析. 经济研究参考,2007(8).

民合用机场、唐山机场、北京首都国际机场和南苑机场、天津滨海国际机场。城市群机场密度大，已经形成了一定水平的航空运输网络。利用出行时距图分析可知，从北京市中心出发一小时内可到达北京城区各地和廊坊。两小时基本可到达北京全市、天津和周边的唐山、保定、张家口、承德等地。北京到达整个京津冀都市圈约需要六个小时。从天津市中心出发，一小时内可到达天津城区各地、天津港、廊坊，两小时基本可以到达天津全市和唐山、保定、沧州等周边地区。从北京到达整个京津冀都市圈约需要八个小时。

三、京津冀协同发展的优势

（一）资源互补性

京津冀地区生产要素禀赋具有互补性。北京在政治、科学技术、人才等方面的竞争力是本区域中最突出的。首先，北京作为首都，其独有的政治地位是其他地区无可比拟的，北京集中了众多的高校、科研机构和科研人员，这为发展科研中心和高科技产业打下坚实的基础。北京还有1000多万的常住人口和数百万的流动人口，人均消费水平比较高，是三地中最大的消费市场。其次，天津是我国北方最大的港口，与上百个国家和地区保持着贸易往来，是三地出口的重要通道，也是北方传统的工业基地。近年来天津在加工制造业和金融方面发展迅猛，是北方重要的加工基地和金融中心。最后，河北拥有地域和资源优势，河北是唯一环绕北京、天津两市的省份，不但是北京、天津的"米袋子"和"菜篮子"，而且河北省的矿产资源和劳动力资源十分丰富，煤炭、石油、天然气、有色金属、化工原料、建筑材料等储量丰富，可以为加工制造业提供足够的原材料。河北还拥有众多人口，能够为京津地区工业的发展提供必备原料和劳动力。而京津地区教育、科技、人才资源丰富，科技成果转化能力和工业制造能力很强，可以为河北提供经济发展急需的资金、人才和技术支持。

（二）交通便利

京津冀三地共同位于华北平原的冲积平原上，地理位置相连，独特的地理区位优势便于共用良好的基础设施和便捷的交通网络，拥有便利的交通设施和发达的交通网络。目前，京津冀地区已基本形成了以北京为主、天津、河北为辅的陆海空综合交通运输网络。航空、公路、铁路和港口优势明显，拥有多个机场，其中北京机场是国内最大的航空港，天津也有现代化的客货两用机场，石家庄机场和山海关机场的功能和规模也在不断提升，并修建了邯郸、承德、张家口等支线机场，形成了干支结合的航空网络。在铁路方面，京津冀地区有多条铁路贯穿其间，北京是贯通东北、华北、西北、华东地区的铁路枢纽，并建立了京津高速铁路，开通北京到石家庄、邯郸、秦皇岛等多条动车组，由北京到河北省最南部的邯郸不到 3 小时。公路运输更是发达，北京、天津、河北三地拥有多条高速公路，使得三地之间的交通十分便利。港口方面，三地拥有天津、秦皇岛、曹妃甸、黄骅等多个港口，海运条件便利。现在京津冀已经形成以北京和天津为中心的立体交通体系，使京津冀区域经济的合作拥有了便利的交通条件。

（三）产业优势

京津冀地区具有比较完备的产业体系，各具产业优势，存在着较强的产业互补性。北京的工业化程度最高，第三产业所占比重最大，产业特点是以软件产业、信息产业、汽车产业等为主；天津的工业化程度次于北京，第二产业比重最大，产业特点以能源产业、航天航空、临港化工产业等为主；河北的工业化程度最低，产业以软件动漫、生物制药、现代中药、纺织服装、钢铁材料业、新型化工、新能源等为主。从产业分工来看，京津两地金融、高科技、服务等第三产业发达，优势明显；而河北的第一产业和重工业较发达，第三产业较薄弱，与京津两地产业存在互补性。此外，北京的高科技产业和文化产业具有优势，天津的加工产业发达，而河北的采掘业、重加工工业占据优势。这些产业的形成发展，为三地产业间的合作提供了载体，三地可通过区域经济的协调与合作，走经济一体化道路，达到人力资源、资本要素、实物资源的整合，实现高速发展。

（四）科技优势和城市功能互补

京津冀地区聚集了全国最多的高等院校、科研基地和高科技产业园区，是全国综合科技实力最强的地区，拥有较好的工业基础和科技人才优势。从城市功能定位上来看，京津冀地区彼此之间存在很大的互补性。北京是全国的政治文化中心，天津是金融、物流、制造业中心，河北则定位于港口、京津装备制造业与农副产品的供应基地，这些为区域经济一体化提供了前提条件。而且京津冀以前具有初步合作基础，为区域经济一体化提供了发展平台。京津冀之间的区域经济合作历史悠久，早在计划经济时期，京津冀三地就被作为区域经济的主体进行考察；改革开放以后，京津冀逐步形成了京津地区以第三产业为主，河北以第二产业为辅的"三三二"产业格局和发展模式。

四、京津冀协同发展的机遇

首都北京目前面临的最大问题是疏解人口、交通、环境带来的压力，塑造国家的对外交流形象、完善提升首都功能、推进世界城市建设；天津面临的最大问题是交通受限、城市空间、结构调整的需求；河北需要解决的问题是加快产业结构调整、提升产业档次、承接优势产业转移。北京对周边地区的聚集作用太强，其自身发展已遭遇人口资源环境的天花板，必须把一些低端功能疏解出去。因为雾霾，河北省重化工业也到了非转型不可的时候，承接京津的工业和服务业转移是新兴产业的重要来源。

京津冀区域协作发展提了很多年，但是却没有实质性的推进，除了政策不到位等原因，关键是合作的时机没有到来。2012年末至2013年，雾霾天气给京津冀地区造成恶劣影响。2014年1月，绿色和平组织发布了全国74个城市2013年的PM2.5年均浓度排名。根据排名，污染最重的前十名是：

邢台、石家庄、保定、邯郸、衡水、唐山、济南、廊坊、西安、郑州，其中，河北占了 7 个。天津和北京也分别排第 11 和 13 位，其中排第 12 位的是沧州。当环境污染成为各个城市共同面临的难题，必须由京津冀三地甚至更广的地方进行区域合作才能解决，京津冀区域合作的机遇真正到来了。为改变京津冀生态环境发展问题，京津两地正处于调整产业结构、转变发展方式、推进节能减排的关键期，需要与河北合作共同改善生态环境。

京津冀协同发展迎来重大机遇，表现在四个方面：第一，从中央到地方，研究京津冀共同发展已达成共识。第二，北京发展阶段跃升、功能疏解、产业转移与升级，给京津冀地区的产业整合带来机遇，有可能形成新型产业分工格局。第三，北京新机场建设有可能率先实现周边区域一体化的发展。新机场占地 2/3 在北京，1/3 在河北，还有天津的合作融入。围绕机场将形成一个临空经济区、产业区，还要建设一些航空小镇，从而有可能京津冀三地共同建设一个区域合作示范区。第四，京津冀三地都在进行空间结构调整，有可能带来合作的契机，北京的空间布局开始由过去重北部转向加快南部开发，天津发展越来越重视其东部与北部，河北则将环首都、沿渤海作为开发重点。

五、京津冀协同发展的重点

关于如何推进京津冀区域经济一体化，关于京津冀区域经济一体化各个层面的推进技术和方法以及制度安排等问题研究，是京津冀区域一体化研究中最重要的部分。京津冀区域经济一体化中的河北沿海地区发展是研究的基本点和重点。目前这方面的研究论文与著述还很少，还没有形成比较成熟或系统的成果。河北沿海地区的发展应该成为推进河北经济发展的关键，也是推进京津冀区域一体化的关键点。

习近平总书记针对京津冀协同发展提出 7 个"着力"。一是要着力加强顶层设计，抓紧编制首都经济圈一体化发展的相关规划，明确三地功能定位、产业分工、城市布局、设施配套、综合交通体系等重大问题，并从财政政策、投资政策、项目安排等方面形成具体措施。二是要着力加大对协同发展的推动，自觉打破自家"一亩三分地"的思维定式，抱成团朝着顶层设计的目标一起做，充分发挥京津冀地区经济合作发展协调机制的作用。三是要着力加快推进产业对接协作，理顺三地产业发展链条，形成区域间产业合理分布和上下游联动机制，对接产业规划，不搞同构性、同质化发展。四是要着力调整优化城市布局和空间结构。促进城市分工协作，提高城市群一体化水平，提高其综合承载能力和内涵发展水平。五是要着力扩大环境容量生态空间，加强生态环境保护合作，在已经启动大气污染防治协作机制的基础上，完善防护林建设、水资源保护、水环境治理、清洁能源使用等领域合作机制。六是要着力构建现代化交通网络系统。把交通一体化作为先行领域，加快构建快速、便捷、高效、安全、大容量、低成本的互联互通的综合交通网络。七是要着力加快推进市场一体化进程，下决心破除限制资本、技术、产权、人才、劳动力等生产要素自由流动和优化配置的体制机制障碍，推动各种要素按照市场规律在区域内自由流动和优化配置。

第三章 京津冀区域发展的概况与趋势

第一节 京津冀区域的发展概况

京津冀区域包括北京、天津、河北两市一省，地域面积 21.64 万平方公里，2012 年总人口 10770 万人，人口密度 483 人/平方公里。❶ 主要包括北京和天津两个直辖市以及河北省的石家庄、唐山、承德、张家口、保定、廊坊、秦皇岛、沧州、邯郸、邢台、衡水，共 11 个地级市。该区域位于华北平原北部，北与辽宁省、内蒙古自治区为邻，西靠山西省，南与河南省、山东省接壤，东临渤海；土地总面积约为 21.6 万平方公里；海岸线长约 640 公里；以汽车工业、电子工业、机械工业、金融业、物流运输业为主，是全国主要的高新技术产业和工业基地。区域内积极联合开展港口、公路、铁路、机场等交通设施建设，积极引导行业和企业间的经贸与技术合作，积极开展水资源保护与合理利用、重大生态建设和环境保护等项目。该地区处于环渤海地区和东北亚的核心重要区域，地理位置特殊，其中，北京是中国北方最大的市场，天津是北方最大的工业基地。加之天津被确定为北方的经济中心，越来越引起全国乃至整个世界的瞩目，将成为我国经济发展的第三增长极。

在建国以前，京津城市分工明确，北京是政治、文化中心，天津是工商业中心，在城市自然分工基础上形成休戚与共的关系。天津近代工业的发展

---

❶ 京津冀一体化上升为国家战略. 凤凰网财经,2014(4).

填补了北京工业的空白，也使天津的工业产品得到了一个重要市场。同时，天津的金融业也非常发达，位于解放北路的金融街上设有 49 家国内外银行，其中 12 家国内银行的总行设在天津，另外有 270 多家国内外保险机构，所以当时素有"南有上海，北有天津"一说。天津的经济地位是由其所处的地理位置、方便的运输条件等多种因素形成的。京津两市的功能互补，造就了清末以来两市经济文化的空前繁荣。建国后，北京由消费性城市转变为生产性城市，建立起大而全的工业体系。由于区域市场被人为分割，由此形成了相对分割的京津关系。北京的经济地位扶摇直上，而天津却相反，由于受到经济发展战略、行政建制等方面的影响，经济地位下降，中心城市功能逐步丧失。改革开放后，京津关系进入了博弈阶段。由于行政区划原因，地方政府为了追求经济利益，造成了重复建设和产业趋同，地方政府色彩浓重。在目前的经济发展中，京津双核的竞争程度较高，专业化分工存在很多的不足之处。在京津冀地区的经济发展过程中，京冀、津冀之间的互补性及分工的合理性较强，合作较为广泛，而京津双核之间没有形成错位发展，合作进展较为缓慢，结果导致京津的极化和扩散能力不强，影响了京津冀整个区域的发展，这是京津冀地区发展较为缓慢的主要原因之一。

作为京津双核的主要经济腹地，河北大部分城市的经济发展与京津存在较大的差异，脱节现象严重，没有足够的中间力量作为支撑。在河北各城市当中，只有唐山一枝独秀。2014 年，河北生产总值（GDP）达到 29421.2 亿，全省人均 GDP 为 40783.99 元，低于全国平均水平，从各地级市来看，唐山、石家庄和沧州 GDP 总量领先，分别为 6225.3 亿、5100 亿和 3133.38 亿；从人均 GDP 来看，唐山、石家庄和廊坊位列前三，唐山市人均 GDP 为 80764.14 元，折合 13147.77 美元，石家庄市人均 GDP 为 7907.20 美元，廊坊市人均 GDP 为 7490.39 美元。❶ 在人口、城市规模上相得益彰。差异是合作的基础，正如河北和京津之间的协调发展，但落差过大反而使合作的基础变得薄弱，更加困难，导致各个地方政府的关注点和关注程度就会不一样。

---

❶ 2014 年河北各市 GDP 和人均 GDP 排名,宜居城市研究室(www.elivecity.cn).

一、京津冀区域的发展现状

北京市是中华人民共和国的首都，土地面积 16410.54 平方公里，共辖 14 个区、2 个县，分为首都功能核心区、城市功能拓展区、城市发展新区和生态涵养发展区四个功能区。2005 年初，国务院正式批复了《北京城市总体规划（2004—2020）》。该规划将北京的城市性质定义为中华人民共和国的首都，全国的政治中心、文化中心，世界著名古都和现代国际城市；将北京未来发展目标定位为国家首都、国际城市、文化名城和宜居城市。

天津市行政区域总面积 11760 平方公里，现辖 15 个区、3 个县。该市地处环渤海经济圈的中心，是中国北方十几个省市对外交往的重要通道，也是中国北方最大的港口城市。2006 年 3 月 22 日，国务院审议并原则通过了《天津市城市总体规划（2005—2020 年）》，为加强区域协调，统筹城乡发展，保护生态环境，天津市未来将形成"一轴两带三区"的市域空间布局结构。

河北全省面积 187693 平方公里，现辖 11 个地级市、22 个县级市、108 个县、6 个自治县。河北省是中国古代文明的发祥地之一，自古以来就是兵家必争之地。河北资源丰富、交通便捷、产业雄厚、经济发达，在全国占有非常重要的地位。《河北省国民经济和社会发展第十二个五年规划纲要》指出，要把加快优势地区率先发展作为战略重点，强力推进"一圈一带一区一批"建设，打造带动全省经济社会发展的增长极，形成重点突破、带动全局、协调发展的新格局。"一圈一带一区一批"即指环首都绿色经济圈、沿海经济隆起带、冀中南经济区、千亿元级重点园区和大型企业集团。

京津冀第一产业间的合作较为广泛，河北省已成为京津农副产品的主要供应基地，并为食品加工业提供原料。举例来说，河北省的蔬菜和生猪在京津市场的占有率已分别达到了 40％和 50％以上。同时，河北向京津地区提供了大量的矿产资源，如大理石、金矿、铁矿等，这些矿产资源为京津工业的发展发挥了重要作用。在第二产业上，从产业链的上下游关系和产品价值链的构成角度讲，行业间的分工协作取得了一定的进展。北京的教育资源非常丰富，科研力量也尤为突出，很多企业在这里设立了研发中心，并在天津和河北建立了生产基地。如石家庄制药集团在北京设立了研发机构，石家庄华药集团在天津设立了分公司。随着京津电子信息、汽车等产业的迅速发展，其所需要的零部件以及其他配套产品的生产在环京津地区逐步发展起来，如保定的汽车零部件工业基地等。京津冀第三产业的合作正在逐步推进。在交通运输方面，京津冀进行了卓有成效的合作。北京投资与河北共同开发建设了京唐港；北京与天津实现了港口功能一体化；北京市的公共交通系统已经延伸至河北廊坊、涿州、固安等县市。与此同时，旅游业的发展也进入了一个新的拓展时期。2005 年，北京市旅游局、天津市旅游局、河北省旅游局和香港旅游局、澳门旅游局、台湾旅行业品质保障协会、台湾中华两岸旅行协会在廊坊市共同主办了京津冀—港澳台旅游合作大会，为两岸六地旅游业搭建了良好的平台。2007 年，"京津冀旅游合作会议"在天津召开，三地旅游部门共同签署了《京津冀旅游合作协议》。至此，京津冀将建立区域旅游协作会议制度，策划设计共同的旅游宣传口号并统一发布使用。同时，京津冀旅游部门将建立联动制度，完善救援应急制度，对旅游市场进行规范整顿。

近年来，京津冀区域的经济合作已由研究阶段走向了实际阶段，真正意义上的区域经济合作已逐步开展，并取得了一定成效：1. 交通基础设施初具网络化，基本形成了以北京、天津为中心的大交通网络体系。京津冀的交通网络建设成就突出，大大方便了京津冀地区的经济联系。2. 初步建立了区域经济协调机制，对区域经济的协调和发展做了一些研究，制定了一些具体的规划和措施。在区域合作规划方面，京津冀地区主动规划并达成了"廊坊共识"，签订了《大旅游区合作协议》，开放旅游资源，改善游客旅游环境，逐渐形成了以京津为中心的放射状的旅游体系。3. 区域内的分工、合作加深。京津冀三地在努力发展自己主导产业的前提下，重视在产业方面的分工与协作，加强了优势产业的合作与互补，如首钢整体迁入了河北境内。此外，京津冀地区在能源开发与利用、水资源、生态环境保护等方面也进行了许多跨区域合作，并取得了一定成效。4. 京津冀地区还建设了天津滨海新区和河北的曹妃甸工业区等大型的经济技术开发区。

此外，京津冀城市间还在其他不同范围、不同领域和层面上进行了一些合作。如：签订了人才方面的《京津冀人才开发一体化合作协议书》，物流方面的《京津冀物流合作协议》，教育方面的《教育区域合作发展框架协议》，规划部门的《关于建立京津冀两市一省城乡规划协调机制框架协议》，交通部门的《京津冀交通一体化合作备忘录》，旅游部门的《泛金海湖京津冀金三角旅游规划》。京津两市有几百家传统制造业企业搬迁到周边河北市县，河北先进企业的总部、研发机构纷纷进京。

二、京津冀区域协同发展面临的主要障碍

京津冀区域是我国城市最密集、工业基础最雄厚的区域之一，在我国的整体发展战略中始终占据着十分重要的地位。京津冀区域的发展虽然有了一定基础，在某些领域的合作也取得了一些进展，但由于历史、体制等方面的原因，从总体上看，与珠三角和长三角区域相比，京津冀的区域合作也存在许多问题，京津冀区域仍面临一些制约社会协调发展的深层次的矛盾和问题。一是京津冀区域总体竞争力不强、产业同构现象严重、发展失衡。二是市场发育程度和进度都比较缓慢，市场化进程相对滞后。三是区域协调发展的进程缓慢，缺乏层次丰富、上下衔接、促进区域经济合作的机制；现行体制缺乏有效的协调机制以及非政府力量的薄弱，使得区域协调发展举步维艰；区域性的聚合力不强，三省市之间没有共同的战略利益，推动一体化的动力不足。四是资源依赖型和政府投资推动型的经济发展运行模式弱化了河北主动融入京津的积极性。五是由于长期受政治、历史等因素的惯性影响，河北从属经济的特征比较明显。由于经济发展的差距，河北与京津在合作中的谈判地位不平等，处于不利地位。河北与京津现有的行政等级不对等，不利于对接。这些问题的存在制约着京津冀区域的进一步发展。

（一）产业空间布局不合理，产业结构互补性较弱

近年来，京津冀区域三次产业保持着较快速度的增长，同时产业结构也在不断优化，但空间布局还不尽合理，没有形成整体竞争优势。首先，由于长期条块分割，各主要城市在计划经济体制下各自形成了较为完整的产业体系，相互之间争资源、争项目、争投资等过度竞争和封闭竞争严重，导致京津冀区域呈现出产业结构趋同现象；其次，产业配套条件较弱，限制了科技优势的发挥。由于在京津冀区域内各地都制定自身的发展规划，加之北京天津两地之间也缺乏必要的协调，都在打造自己的完整产业链，跨地区的合作还有待加强，造成了京津冀区域产业整体配套环境与长三角和珠三角地区的差距越来越大。再次，相当一部分河北省内的资金、技术和人才等资源向北京、天津聚集，导致发展的差距越来越大，严重影响着京津冀区域的经济合作。例如首都北京拥有全国最丰富的智力资源，科研能力非常强，每年都会产生大量的科研成果，但是邻近的河北等周边地区缺少相关的产业群。

京津冀三地同处于一个区域中，都有各自比较完整但不发达的产业结构，产业特性相似，加之分属不同行政区域，为追求地方利益，三地缺乏合作，相互之间封闭市场，竞争资源和项目，重复投资和建设严重，缺乏规模优势。例如，北京和天津在高新技术产业、金融产业、石化产业、汽车产业等重复建设、各自为战、竞争激烈，造成资源的浪费。天津的港口和河北的港口在地理位置上相近，但没有形成合理的专业分工，造成两地的港口在专项方面发展缓慢，专业性较差，没有形成整体竞争力和优势。

出于各方自身利益的考虑，各行政区按照自身利益最大化目标发展，为争夺外资、原材料或为在产业分工中占得先机，利用地区性税收、土地优惠、财政返还等方式影响当地税基的现象屡见不鲜。致使京津冀在某些有较高产出行业间存在激烈的竞争，以至于三地在各自的产业结构、发展规划、发展目标等方面重合，造成不必要的浪费。例如在金融方面，北京和天津都想成为本区域的金融中心，同时河北作为一个独立的省份也需要有一个本省的金

融重地，石家庄作为省会不可避免的要大力发展金融产业。在距离如此之近的三地都大力发展金融业，不可避免的会出现无序竞争，海量的投入未必会产生理想的结果，相反会造成大量的资源浪费。恶性竞争导致政府控制公共开支，降低了社会服务水平。

（二）产业结构趋同

由于行政区划及历史上的原因，京津冀地区一直没有建立起合理的产业分工与合作制度，未能形成功能互补的产业结构。京津冀产业发展方向大体相同，电子信息、化工、旅游等行业均被列为主要产业。资源是稀缺的，产业结构的相似性造成了资源被分散使用，有限的资源无法积聚到一个点上形成强有力的爆发力，因而也无法形成从聚集效应到扩散效应的转变。基于上述原因，产业的发展强大也愈发艰难，这也影响到了京津冀的产业结构升级。就第二产业来说，京津冀地区重化工业的比重较大，这会消耗大量的土地、能源，尤其是该地区甚为匮乏的水资源，对环境的破坏也比较严重，与该地区做大做强的理念不甚相符，同时也不利于提升区域的整体形象。

京津冀区域存在产业同构问题，不但体现在传统产业方面，在现代服务业、高新技术、电子信息、生物技术、现代医药等方面也有体现。目前的产业转移大多由政府引导，带有行政色彩，加之受地方发展水平等限制，产业链难以形成。北京与河北产业结构相似性较低，产业结构差异明显；北京与天津产业结构相似性较高，产业同构现象仍然严重，在利高税高行业尤其如此，比如两市在汽车行业之间的竞争与重点建设仍没有缓解的趋势；天津与河北省产业结构相似性最高，产业同构化较为严重，而且仍有强化趋势。从工业结构看，京津作为区域内的中心城市，其产业同构现象有减缓趋势，但是京津产业合作格局也没有完全启动。京冀之间的工业结构相似性较低，两地工业有着较大的整合空间。天津与河北省在制造业上竞争激烈，作为一个老工业基地和中国北方重要的经济中心城市，天津同河北省的产业结构雷同现象比较突出，难以形成层次分明的产业聚集。这一状况直接导致了资源难以在该地区范围内合理流动，限制了产业集聚效应的产生。

长期以来，京津冀区域由于合作观念的缺乏、行政区划的分割以及由此形成的区域壁垒和财政、金融、投资体制等方面的制度障碍，在区域经济发展的过程中，存在着主导产业趋同现象。而且，由于长期以来国有企业占主导地位，地区经济自成体系，区域发展各自为政，北京、天津与周边地区产业梯度落差较大，京津"双核"竞争有余、互补动力不足，许多产业长期处于低水平竞争的状态，不利于区域经济的协同发展和城市群的持续发展。

产业同构化现象严重，产业链断裂，产业结构亟待调整。京津冀地区没有形成合理的产业分工，产业结构的趋同性不但造成了产业的重复建设和资源的浪费，并且容易产生地区之间的恶性竞争，不利于区域间的经济合作和共同发展。此外，京津冀地区也没有建立完整的产业链。京津地区的高科技产业和第三产业发展较快，产业定位高，而周边的河北地区则以农业和重工业为主，处于产业链的底端，产业发育滞后，各地区间产业梯度落差大，导致产业链中间断层。再加之京津冀地区的经济结构也不合理，国有经济比重过高，政府对市场的干预程度过大，使得京津冀地区的经济不能健康、快速发展。

（三）地方经济壁垒阻碍统一市场的形成

产业协作配套水平低。京津冀地区分工协作的水平远逊于长三角地区和珠三角地区。如北京和天津的汽车制造业、电子信息产业，如联想电脑的配套零部件。这种客观经济现象使京津冀地区的产业发展颇为尴尬。另一方面，由于受行政体制的约束，京津冀各地的产业发展还处于各自为政的状态，这就产生了"大而全，小而全"的问题，都要自我配套，自我形成产业链，由此导致分工协作无从谈起。这对于一些重化工业大项目来说更是不利，因为项目布局一旦下来，要想再重新调整就十分困难，成本也会居高不下。

区域经济一体化需要生产要素的自由流动，但是京津冀地区目前还未形成统一的市场体系，以至于生产要素不能在区域内实现自由流动，这在一定程度上阻碍了京津冀地区经济的持续健康发展。并且，从总体上看，京津冀地区的区域经济合作仍处于较浅的层次上，并没有完全突破行政区划的限制，地方政府合作意识淡薄，眼光也不够长远，难以摆脱追求自身利益的束缚，只是以自身利益最大化作为经济决策的出发点，从而忽视了区域的整体利益，并未形成经济利益共同体。加之很多地区都存在着不同程度的贸易保护主义，在一些垄断经济领域，也存在着不同程度的壁垒。这些使得城市之间的恶性竞争普遍存在，整个区域经济的要素资源配置效率低下，严重阻碍了区域经济的快速可持续发展。

（四）各自为政的行政体制，缺少法律制度的保障

基层政府在集群发展的理念上认识仍不到位，区域行政壁垒、分工协作的体制障碍比较严重。中国人民大学孙久文教授认为，京津冀在过去发展中存在三个方面的不成功：一是北京的新城建设不成功，许多新城成了睡城，目前虽加强了商贸等基础设施建设，但仍需引进产业增加就业岗位，建设第三代卫星城，未来应发展第四代卫星城；二是河北的环首都经济圈建设不成功；三是天津的北方经济中心建设也不成功。不成功的原因在于三地都是各干各的，没有协同。河北省社会科学院杨连云研究员认为，京津冀地区协作发展一直不理想的原因主要有两点：一是过去京津尤其是北京依靠首都的政治权力，对周边地区生产要素的聚集作用大于扩散作用；二是地方利益格局造成的，各地政府从自身利益出发考虑问题，很难协调。《经济日报》孙士芳研究员指出，京津冀一体化之所以一直难以实现，根源在于缺乏协同发展的思维意识。现在"协同发展"有新的含义，承认了各自的发展阶段、不同的发展定位和利益诉求，从这里可以找到协同的话题也就是切入点。❶

京津冀区域发展缺少法律制度的支撑。各种合作协议、宣言、共识的宣传性和政策性强，而权威性、制度性差，缺乏约束力。"领导小组""联席会

---

❶ 张云,窦丽琛,高钟庭."京津冀协同发展:机遇与路径学术研讨会"综述. 经济与管理,2014 (3).

议"等合作方式的组织松散、层级低，权利弱，责任性差，缺乏权威协调、执行机构。区域利益协商、区域利益补偿、区域矛盾争端解决、公众参与和行政管理方面缺少实施细则，操作性差。目前，各城市间对区域合作的探讨和规划远多于实际操作。非政府组织尚未得到足够重视，作用发挥不足。

（五）缺乏有效的区域协调管理机制

产业合作制度尚未形成。近年来，京津冀在区域合作方面进行了许多探索，包括召开合作论坛、达成合作共识、签订合作协议等，但是基本上囿于重形式的阶段，需要切实落实的方案和政策还有很多。在环京津周边地区有一个巨大的贫困带，整个环京津地区的民间力量非常微弱，发展缓慢，根本无法同长三角地区和珠三角地区相提并论。因此，借助民间力量推进产业合作的思路很难行得通，地区行业协会、民间商会和民间组织等民间力量也无法在产业合作中发挥主体作用。这样，推进产业合作就要依靠行政主体。

由于行政区划的分割、政绩考评等原因，诸如生产要素自由流动、项目选择、资源整合等方面缺乏整体规划和考虑，使产业链的形成困难重重。在地域上，京津被河北环绕包围连成一体，但却是三个独立的省市，没有行政上的隶属关系，更为重要的是，京津冀三地之间还没有建立起完善的合作机制，因而没有一个总的一致的经济发展规划，在区域经济发展过程中，三地缺乏相互之间应有的合作。以北京、天津为例，北京和天津不像珠三角区域中城市同属一个省份，也不像长三角区域中有一个绝对的中心上海，两者都是直辖市，在行政和经济地位上非常相近，长期以来北京和天津各自为政，由于缺乏合作协调机制，使得资源不能充分配置和利用。虽然京津冀三地通过双方或三方进行了多次的沟通和磋商，但在各自的发展定位、彼此间的产业合作、区域间的产业结构调整、区域间经济合作模式、利益分配比重等诸多重大问题上依然没有达成一致。没有完善的、行之有效的合作协调机制，在一定程度上影响了京津冀区域一体化的发展进程。

与长三角地区、珠三角地区相比，京津冀区域的合作难度大，但最主要的是行政壁垒较严重，各级地方政府为了追求和保护自身利益，往往以行政区为依托，构筑贸易壁垒，实行市场封锁，阻碍生产要素的自由流通。北京是知识经济基地，人才聚集，虽研发功能强，但人才向周边省市的流动比较少；河北省钢铁年产量达四千多万吨，居全国第一；天津也在发展自己的钢铁工业作为支柱产业，年产量六七百万吨，有的钢厂还要从河北运生铁炼钢。相比之下，长三角地区、珠三角地区产业关联度强，形成了兴衰与共的关系，人才流动也非常频繁，区域间可以相互不断补充新鲜血液。

由于行政区域划分的限制，京津冀地方政府多以自身利益最大化为决策的出发点，区域内尚没有跨地区的统一的协调管理机制，这使得区域内公共资源重复建设的现象严重，造成资源的浪费，区域内公共资源的管理工作也无法有效开展。此外，政府调控经济和相互合作的能力也有待加强，尽管京津冀政府高层进行了多次经济协商，但却未能建立起一套完整的区域经济协调机制，也未能在区域经济合作方面取得有效的实质性进展。

（六）基础设施建设薄弱与重复建设并存

中心城市、枢纽城市分工不明确，城市间交通运输方式比较单一，中小城市快速交通建设滞后，公共交通体系不完善。铁路运力不足，高速铁路需进一步加速建设和扩大范围。冀北地区公路落后，中小城市公路建设滞后，高速公路通畅度不足。港口建设超前，部分功能重复。区域大型交通设施的规划建设在空间、时间、资金、管理和义务、利益等多方面缺乏跨城市的协调统一。类似问题也体现在区域技术服务、区域文化设施、区域基础教育和区域公共安全、防洪设施、通讯设施与大型商品集散中心等多方面。京津冀地区的交通网络大都是以核心城市为中心向外辐射，存在一定的缺陷，这种交通网络布局使得中小城镇之间的联系不便，而大城市之间存在许多重复的交通建设，造成资源的浪费，不利于加强中小城镇之间的经济联系和往来，在一定程度上阻碍了区域一体化的进程。

京津冀在行政区划上分属于三个不同的行政区域，统一的经济发展规划也还未出台，由于缺乏总体规划和宏观调控，造成了三方都以各自的利益为重，而不能从区域整体的大局出发。近年来，京津冀区域重复建设比较严重，造成了严重的浪费，尤其是港口基础设施，京津冀都市圈有天津港、秦皇岛港、京唐港、曹妃甸港、黄骅港五大港口，都在积极投资扩建，都将目标定位于综合性港口，缺乏错位竞争，没有明确的分工，缺乏合作机制。新建中小港口货源紧张，港口企业效益不高，而主要港口的专用码头和大型码头运力紧张。重复建设和对资源的争抢使区域内的竞争大于合作，这种过度竞争不仅增加了区域内每个经济体的发展成本，也削弱了区域整体的竞争力。在利用外资上也存在着较大的差异，且内部产业结构不合理，调整结构方向差距大，使得出口加工区难以迅速发展，无法成为拉动地区经济增长的主要动力。

（七）区域内经济发展不平衡，城市经济发展水平较低

在百余公里的空间范围内，有着京津两个世界级的大城市，这在世界范围内也是罕见的。这种独特的区位条件，为两个城市的各自发展和联合互动创造了优越的条件。随着京津城市功能定位的明确，两市的经济集聚和人口集聚进一步加速，形成了像欧洲一样发达的双中心城市。两大中心城市经济发达，根据世界银行的标准，京津两市均已达到富裕国家水平。京津两市经济总量占整个地区的53％，是整个地区的经济中心，成为京津冀区域的经济高地。在京津冀区域，河北省人均地区生产总值、人均可支配收入和进出口总额等方面的指标都远低于京津两市。从总体上看，京津经济密度大大高于周边地区，环绕京津的河北省经济明显落后，形成了以京津两市为中心、外围城市明显落后的圈层式的经济分布。作为经济腹地的河北省发展明显落后，经济中心与经济腹地形成了两极分化的发展态势。

　　一般来说，在区域经济一体化进程中，区域内的不同地方在经济发展上会有所区别，既有经济发展较快的地方，也有相对较慢的地区，形成一个梯度效应，但不能相差太大，否则就会形成断档。就京津冀三地来说，北京和天津的经济发展较快，但河北经济的发展同北京和天津相比有相当大的差距。多年以来，京津的单方面发展并没有带动整个京津冀地区经济的快速发展，不同地区经济差距较大，造成整体经济发展水平不高。京津冀区域内的两个特大城市与周边地区相对独立的小城市群在发展上相互脱节、自我封闭，彼此空间联系松散且薄弱，城市经济发展水平普遍不高，远远低于长三角和珠三角的城市化水平和城市经济发展水平。与长三角地区相比，京津冀区域的竞争力明显较弱。从经济总量和单位土地面积产出看，京津冀的经济总量和平均产出大约是长三角地区的二分之一；从人均 GDP 看，京津冀的人均 GDP 相当于长三角的 77％，经济效益上有着明显的差距。❶

　　京津特别是北京的高收入及良好的生活环境对周边城市人才、资金等资源具有极大的吸引力，北京和天津吸纳了京津冀地区大量的生产要素，如资金、人才、能源、原材料等，虽然两地也给周边提供了一些市场和资源，如农产品市场、服务市场、技术服务等，但其对经济合作发展的促进远不如其造成的影响。这使得京津和河北发展的差距不但没有缩小，反而进一步拉大，这种差距进一步造成了人才、资金等资源的单向流动，阻碍了落后地区经济的发展，使得周边城市资源与人才缺乏，不利于周边地区经济的发展，从而进一步拉大了周边城市与京津的经济差距。这使得京津冀地区整体经济发展水平不高，经济增长速度逐渐缓慢。而这些地区经济的落后又反过来制约了京津地区经济的发展。区域经济一体化进程中不同地区间的经济落差较大，为三地区域间的经济合作和发展带来诸多不便。

---

　　❶　马海龙．京津冀区域协调发展的制约因素及利益协调机制构建．中共天津市委党校学报，2013(3)．

(八) 中心城市难以发挥辐射带动作用

区域经济发展必须有龙头城市的带动，通常在区域经济圈内都有一个中心城市与周边城市区域存在密切的经济联系或分工合作的关系，带动周边城市共同发展。京津冀中心城市与长三角、珠三角区域相比仍存在一定的差距。长三角、珠三角区域经济之所以发展迅速，就在于有上海、深圳、香港等龙头城市带动。长三角经济圈的首位城市对周边城市的优质要素资源产生巨大吸附力，一些高端人才、研发中心、强势企业纷纷向上海集聚，同时，上海的大发展也对周边城市区域产生较强的辐射拉动作用。在推进长三角一体化过程中，各城市纷纷提出"错位发展"的思路，形成既竞争又合作，共同发展的良好格局。

京津冀区域面积比较大，京津冀区域天然的中心城市是北京和天津，两个核心城市都难以发挥"龙头"作用。北京的发展规划一开始并没有放在京津冀一体化中考虑，主要是从追寻自我循环的角度来设定；天津滨海新区经过十多年的开发建设，已经具备了进一步加快发展的条件和基础。可以看出，北京和天津过去的在发展过程中大多只考虑自身的发展，而忽视周边城市的发展，并没有起到应有的龙头辐射作用。中心城市难以发挥对整个地区经济的辐射、带动作用，中心城市与圈内城市在产业分工和生产建设方面容易出现矛盾，很难实现共赢。京津冀区域中起承上启下作用的中等城市发展不足，影响京津的辐射和发散，对下级小城市的带动乏力。

河北小城市多，与京津经济社会发展水平有很大差距，环京津贫困县使京津冀区域经济发展受到严重制约。环京津贫困带包括河北省的张家口、承德的全部及保定的易县、涞水和涞源，共 24 个县区，一些县经济水平和人民生活水平比全国贫困县平均水平、西部贫困县都低。环京津贫困带所处位置很重要，距京津两大城市不到 100 公里，它是京津冀平原地区的生态屏障，生态环境非常脆弱，极易遭受人为破坏并且难以得到恢复。为了保障京津的生态和用水安全，环京津贫困带牺牲了经济发展来保护生态。经过多年的扶贫开发，环京津贫困带尽管有近百万贫困人口实现了脱贫，但与相邻的京津郊县相比，生态环境、基础条件、人均纯收入等差距却越拉越大，相对贫困问题亟待解决。

（九）国有经济比重过高

京津冀区域作为中国政治、经济、文化中心，也是老工业基地，受传统计划体制的惯性影响较大，尽管近些年企业所有制结构调整加快，但国有经济比重仍然偏高。长三角城市圈较早出现了以集体和私营经济为主体的"苏南模式""温州模式"，近些年经过规范的股份制改造，在中国地区经济中继续保持旺盛的活力。非公有制经济进一步发展，实现增加值在地区生产总值中的份额达 63.2％。与长三角和珠三角相比，京津冀区域中的国有经济比重过高，政府对资源的控制力强，对企业的干预大，经济的市场化程度相对其他两个区域较低。目前，京津冀区域的国有经济改革还处于攻坚阶段，最活跃的私营和民营经济都还没有足够的力量打破行政区划的空间限制，进行跨行政区域的行业集聚和整合，从而影响了优势产业群的形成。

（十）环境问题与城市病问题凸现，制约经济社会发展

京津冀城市所处区域自然生态条件较差，水资源相对缺乏，生态环境脆弱，且仍不断恶化。由于经济发展方式未得到有效转变，仍是盲目地单方面追求经济的高增长，从总体上看，京津冀地区的生态环境仍在逐步恶化。空气污染、水污染、土地沙化、退化的趋势均未得到遏制。并且，在环境问题的解决方面，京津冀缺乏一套统一的、跨区域的协调管理机制。

京津冀城市的人才流动水平低，利用率差。大批人口流入大中城市而少有流出，京津承载能力受到严峻挑战，资源短缺、交通拥堵、环境恶化等问题日趋严重。区域内部的两大核心城市北京、天津，随着经济的快速发展、人口集聚、城市规模扩大，城市病问题逐渐显现。尤其是北京，房价居高不下，居民住房困难，交通拥堵，通勤成本加大，外来人口子女受教育困难等，

民生问题凸显，严重影响了经济社会和谐发展。北京的人口过度集聚也造成了用地紧张、污染严重等问题，三地的社会公共服务不均是造成人口过度集聚的主要原因。

三、京津冀区域协调发展的制约因素

京津冀区域目前已经具有北京城市圈、天津城市圈和唐山城市圈，但是三者之间却缺乏紧密联系，没有形成互联互动的区域。北京、天津与京津冀区域中的其他城市的差异性尚未展开，其独特的辐射力还没能充分发挥作用。行政区划意识还比较强，跨行政区进行产业结构大调整的机制目前尚没有形成，区域内产业结构雷同，不能成具有层次结构的产业集聚。而且京津冀区域的国有经济比重比较大，私营和民营经济的成长较长三角地区、珠三角地区弱得多。

京津冀区域难以形成合力的主要原因是同质化过度竞争造成的，京津冀区域内产业结构趋近雷同。一个例证就能说明，比如在钢铁和化工两个产业领域，北京、天津和河北都把这两个产业当作自己的支柱产业来扶持发展，明显产能已经过剩，还争着上项目，根本就不考虑分工协作，以及各自的资源和配套优势所在。京津两大城市为各自的利益大小通吃，河北省在经济发展方面也不甘示弱，有好项目就抢，三方各自为政，资源不能共享，造成京津冀区域内水资源分配及利用、综合交通路网规划建设、电煤等能源布局及分配等方面引发的各类矛盾比较突出。互相掣肘，两败俱伤。当前，不少地区的高层决策者已经意识到，以行政区划为界的国内竞争过时了，以产业集聚为支撑的区域联动和大区域正在成为世界竞争舞台的主体。长三角地区和珠三角地区中的各大城市都在找准各自模式的基础上努力寻找区域合作的路径和空间，用合作博弈替代恶性竞争，加速区域经济的优化和提升，正在成为一种识时务的战略。

（一）落后观念的制约

1. 区域观念的缺位

无论是从政府层面来讲，还是从市场、社会公众层面看，传统的政府管理观念都是根深蒂固的。计划经济时期，政府包办了一切事务，由于惯性的影响，政府理所当然地认为应该管理所有的事务，虽然市场的发育在一定程度上对这种局面有所缓解，但是民众、社会仍然对政府有着深厚的依赖情结，无法摆脱计划经济时期政府管理一切事务的束缚。京津冀地区是国家首都所在地，政府的影响更是无处不在，更加强化了政府的影响力。在这种情况下，市场和社会的发展都受到了极大的影响，市场和社会缺乏治理意识，治理的能力很难得到发展和提高。因此，在京津冀的区域合作中，一直是政府主导，由政府来协调一切事务，市场和社会公众缺位于区域合作。

由于区域观念的缺乏，行政区的观念深入人心，行政区经济的影响作用强大。新区域主义认为，区域是开放的网络系统，其边界是动态变化的。而行政区正好相反，行政区是封闭的垂直系统，边界固定。在行政区观念的影响下，京津冀三地的发展都是以本地区为主，迄今为止，京津冀地区仍然没有形成总体区域规划。中心城市考虑较多的是如何增强经济集聚功能，对如何发挥经济辐射功能、带动周边地区的经济发展关注不够，有关政府部门在考虑发展规划、产业调整、企业搬迁、基础设施建设和生态环境治理时，仍局限在各自行政区划内，着眼区域发展全局来审视各自发展规划的意识明显滞后。

在行政区观念的指导下，地方本位主义思想泛滥。各地都从本地利益出发考虑是否合作与合作的态度，如果一方利益小于合作前收益，就有可能采取抵制态度。只有在双方收益同时提高的情况下，双方才可能采取积极合作的态度。"争夺地方经济利益"是影响京津冀区域治理的基本矛盾和核心问题。● 近年来，京津冀三方的合作基本停留在县区、企业、民间合作为主的水平上，跨省、市的区域合作项目很少，区域治理仍然停留在会谈和磋商层面。京津冀依然是三方独立的行政区的现实，决定了三方政府在制定政策时，只是把其他利益主体和整体区域利益作为影响自己利益实现的原因而不是行动目标来考虑，区域经济目标的实现仍然受到行政区域目标的制约。

2. 京津冀三地观念的错位

计划经济时期，其他地区和城市都要确保首都北京的发展。长期以来，这种观念深入人心，随着北京由消费城市向生产城市发展，河北和天津都在中央政府的协调下做出了牺牲和妥协。改革开放以来，北京与天津和河北在水资源、机场、港口、产业布局等领域进行了多方面的竞争。城市的集聚功能固然是符合市场经济规律的，但是作为首都的北京仍具有先天的优势。北京利用其强大的政治优势，在京津冀区域占据着主动。这种观念使得北京在区域合作中高高在上，加速了资源和生产要素的集聚，同时又利用地位优势确保地方利益不致外溢。在区域合作中，北京最关心的是生态环境的保护，其他问题不是其考虑的重点。作为事实上的经济中心，北京对区域的辐射和带动作用显然没有充分发挥，严重制约了整个区域的发展。

近代以来，天津一直是我国北方的经济中心。新中国成立以前，是仅次于上海的全国第二大工商业城市。新中国成立以后，随着北京由消费型城市向生产型城市的转变，天津的发展受到了巨大的影响，在全国的地位陡降。改革开放以来，国家实施沿海开发开放战略，鼓励东部沿海地区率先发展。天津在从轻工业城市向重工业主导的城市转变中，不可避免地在诸多领域和北京、河北省展开了竞争。天津在与北京的竞争中处于弱势地位，但是作为直辖市，在与河北省的竞争中总是处于有利地位。2006 年以来，随着京津两市城市功能定位的明确，天津迎来了快速的发展，经济增长一直位居全国前列。京津之间经济中心的争夺有所缓解，但在金融中心等其他领域的竞争仍在延续。

● 马海龙．京津冀区域协调发展的制约因素及利益协调机制构建．中共天津市委党校学报，2013(3)．

目前，津冀之间的竞争尤为激烈，竞争的焦点集中在港口上。在河北省至天津 640 公里长的海岸线上，从北到南依次分布着秦皇岛、唐山、天津、黄骅四个大港口，随着黄骅港定位于"多功能、综合性的现代化港口、环京津、环渤海地区新的经济增长极和隆起带"，黄骅港开始了从单一煤炭港升级为综合大港的转变，四大港口之间在煤炭、矿石领域的争夺将更加激烈。除此之外，天津滨海新区和沧州渤海新区的重化工的争夺也拉开了大幕。如果津冀之间不能实现错位发展，新一轮的重复建设和恶性竞争将会严重损害区域协调发展。

新中国成立以后，作为畿辅的河北一直承担着服务京津的重任，稳定与发展一直是河北需要直面的矛盾。尤其是改革开放以后，河北的发展陷入了长期的争论和犹疑之中，河北一直寄望于京津冀合作，期望承接京津产业的转移，借力京津的发展实现自身经济的飞跃。在这种等靠要的观念指导下，河北发展战略的选择取决于京津竞合关系的变迁，如何处理与京津之间的关系一直是影响其发展战略变迁的最重要的因素。直到 2011 年国务院批准《河北沿海地区发展规划》后，河北省又转为发展沿海的战略。

（二）　现行体制的制约

政府之间的竞争实质上是对利益的争夺，尤其是对经济利益的争夺。地方政府间的竞争受到体制因素的深层影响。

1. 行政管理体制与区域经济运行的矛盾

在我国现行行政管理体制下，政府工作的重心在经济方面，这为地方政府动用行政权力干预经济活动提供了动力。现阶段，各地政府的主体功能是发展经济，地区经济的发展速度是衡量各级地方政府政绩的主要标准。在经济业绩优位或者说 GDP 标准崇拜的评价体系中，GDP 增长率、吸引外资数量等指标成为评价地方政府政绩的重要依据，这无疑会促使地方政府竭尽全力争抢投资，特别是利税高、见效快的投资项目。争项目、争资金也就成为地方政府竞争的主旋律。如天津和河北省对百万吨乙烯项目、生态城项目的争夺就是典型的例证。行政层级之间是自上而下的垂直运行系统，而区域经济的运行是以区域主体之间的横向联系为动力发生的，横向运行系统受到纵向运行系统的刚性约束也就产生了"行政区经济"。区域经济的发展有其客观的内在联系，由此形成的经济区域边界与行政区边界是不同的，但京津冀区域经济社会发展规划是以行政区划为基础制定的，各地都以自己的行政管辖区域为边界，以自己所辖疆界内部利益最大化为中心进行经济布局。京津冀三地的规划很难衔接，规划的各自为政导致了产业布局同构、重复建设等问题的产生。

在市场化进程中，地方政府在强烈追求自身利益和辖区利益最大化动机的驱使下，往往会选择动用行政手段干预地方经济发展。当一个地区的商务成本过高时，企业就会选择迁移到成本较低的地区，即从高梯度地区转移到低梯度地区，这种转移在市场经济条件下应该由企业自行决定。但是在京津冀区域，这种转移却要受到行政影响。"北京市要迁出一个厂得市常委会、市政府常务办公会研究通过，市长签字后才能迁走。"地方政府运用行政、法律等手段构筑各种壁垒，干预生产要素、资源、人才的自由流动。

2. 财税体制强化了地方政府动用行政权力干预经济活动

财税体制对政府的利益有着直接的影响。上世纪 80 年代到 1993 年，实行"分灶吃饭"的包干体制增强了地方财政的相对独立性。❶ 财政包干体制采取的是中央政府与地方政府一对一谈判的方式，地方政府征收的税越多，可以提留的税收就越多，这极大地刺激了地方政府征收财政收入的积极性。

---

❶ 马海龙. 京津冀区域协调发展的制约因素及利益协调机制构建. 中共天津市委党校学报，2013(3).

"分灶吃饭"对地方政府积极性的引导有偏差，客观上成为当时地区封锁、市场分割、地方政府投资膨胀、低水平重复建设、产业结构失衡、资源配置扭曲等问题的潜在原因。如天津与北京在汽车行业的分割，河北省农产品进入北京的质检障碍等皆源于此。1994 年，我国实行分税制改革，关键内容是以构建分税分级财政体制来正确处理政府与企业、中央与地方两大基本关系，财税体制开始进入以分税制为基础的分级财政轨道。分税制改革使中央政府对全国财政的调控力度大大增强，同时也调动了各级地方政府的理财积极性，促使地方政府抓项目、招商引资的积极性空前高涨，企业的流动意味着 GDP 和税收的流动，导致政府对企业的干预也有了动力。可见，我国现行财税体制在调动地方政府增加财政收入的积极性的同时也促使地方政府采用各种手段保护本地区的经济利益，客观上催生了行政分割、市场封锁、产业同构等问题的发生。

3. 城市建设投入不足，核心城市作用不突出

对于一个城市而言，交通枢纽、城市水源、文化医疗卫生、通讯网络、排污系统等基础设施都需要投入巨额资金来建设。建设资金严重不足，是制约城市上档次、上规模、有质量的主要原因。长期以来，计划经济遗留下来国家对城市基础设施低价限制，这种低价的结果是连城市基础设施的成本都难以收回，而大量的财政补贴只能维持正常运转。新的财政投入不足，常使城市基础设施建设处于供应严重不足的状态。

（三）有效的协调机制尚未形成

1. 中央层面的制度供给不足

从中央层面看，区域治理需要有组织完善、设计精细、有的放矢的一整套区域政策作为保障框架。目前，我国还没有形成完善的区域政策制度基础，如区域政策实施机构不是立法的产物，没有专门负责区域政策的职能部门；

不存在可供区域政策利用的区域划分框架，实施区域政策的针对性和可操作性欠缺，区域政策工具残缺不全，缺乏针对问题区域的政策与政策监督、评估机制。

2. 地方层面的协调机制无法发挥作用

从京津冀层面来看，近年来三方互访、多方协商不断增加，但一直没有建立起一套正式的高层领导磋商机制，未能就区域内的产业结构调整、基础设施建设及生态环境治理等战略性合作问题进行深入磋商并付诸行动，未能在寻求有关各方利益结合点及合作切入点上取得重大突破。2004年达成的"廊坊共识"提出了建立定期会议机制，但会议之后就再无下文。1986年建立的环渤海经济联合市长联席会议，是目前京津冀区域协调发展的重要机制，虽然成员已扩大到41个，也形成了定期会议制度，但环渤海地跨五省二市，区域范围极为广阔，仅靠每年召开一次的市长联席会议来推动区域合作显得推动力不足。更为重要的是，北京至今仍然不是该组织的正式成员，缺少了北京的参与，该组织在推进京津冀区域协调发展方面也难以发挥效用。

京津冀三方在许多领域存在分歧，难以形成合力。多年来京津冀三方开展了纷繁复杂的会谈，各种官民论坛也在不断举办，但时至今日，京津冀依旧没有形成合力。在行政区域经济运行的惯性作用下，三地之间虽有合作的愿望，但缺乏一种合作的机制，陷入了"共识多、行动少"的尴尬境地。自主性的协调机制难以建立，而在中央政府层面也没有一个协调组织，京津冀三地的竞争始终大于合作，造成了严重的内耗。

（四）非政府力量发展薄弱

京津冀的经济和社会发展落后于长三角地区和珠三角地区，其中一个重要的原因就是市场力量发展落后。京津冀地区以国有经济为主导力量，其经济行为带有明显的政府行为特征，政府对企业的控制力强，促使不同行政区划往往首先考虑本行政区的利益最大化，跨地区产业重组受到制约，区域内行政经济的负面效应更为显著。区域内的非国有经济发展较为落后，民营经济发展缓慢，其力量还不足以打破行政区划的限制，资金、技术、信息等生产要素难以在区域市场内合理流动和配置。因此，以市场为主导的区域合作发展缓慢。

公民社会力量的强大可以弥补政府和市场的不足，在市场失灵与政府失灵同时存在的领域，非政府组织和社会公众具有不可替代的作用。在一个分散化、多中心的区域体系中，单一的政府很难有效应对区域性挑战，承担所有公共服务提供的功能，因此需要非政府力量，即市场力量和社会力量的参与。京津冀区域由于特殊的地位，政府组织力量十分强大，政治敏锐性较强，对于非政府组织的发育和公民的参与，政府的态度非常谨慎，因而缺乏扶持其发育的积极性和动力，导致京津冀地区各种社会团体的发育相对落后。社会组织发育不足、能力欠缺，难以参与到各种区域合作事务中，无法承担推进区域协调发展的职能。缺少了社会公众的参与，京津冀区域的协调发展也步履维艰。

第二节　京津冀区域的发展趋势

一、京津冀区域发展的新态势

近几年，京津冀区域合作出现了一系列值得关注的新态势，区域内一些新的重大战略及决策正在酝酿和实施，京津冀区域已逐渐进入一个合作发展的新阶段。

（一）区域规划初见端倪，经济实力稳步增强

京津冀合作进入新的阶段。天津、河北分别审视自身的优势制定发展规

划，提出"互惠互利、共同发展，推动京津冀区域经济一体化的发展"。近年来，京津冀地区整体保持了稳步较快的发展态势，区域内经济总量增速普遍高于全国平均水平。

（二）区域立体交通体系逐步形成

目前，京津冀两市一省在交通基础设施建设方面的合作已有良好开端。京承高速公路和京津高速公路复线建设的合作已经完成，京津城际高速铁路也已开通；北京已经建立了现代化国际物流港，实现了北京朝阳口岸与天津海港口岸的集装箱货物直通；组建了包括首都国际机场和天津海滨机场在内的首都机场集团公司，首都机场与天津机场的客货分流也已完成。

随着多条高速公路的陆续建成通车，京津冀地区"三小时"的交通经济圈已见雏形。京津冀三方将联合制定现代化区域交通网络规划，共同推进区域城际快速通道建设，搞好区域航空港、海港的共同开发、利用，搭建区域客、货运信息交流平台，共同构筑区域一体化的现代化立体交通体系。

（三）跨地区产业结构调整推出重大举措，产业链延伸初见成效

首钢迁至河北，将成为京津冀区域协作的典范，成为河北经济发展的旗舰企业。河北拥有地处环京津的独特区位，有利于充分利用京津的科技、人才、资金和信息，实现与京津产业的对接与合作，搞好与京津企业的联合、分工和协作，提高京津冀经济融合度和相互开放度。此外，近年来，总部在北京、生产基地在周边地区的合作项目也将不断涌现。

二、京津冀区域协同发展的突破口

京津冀区域是国家管理、对外交流、技术贸易和交通运输的枢纽，是特大城市最集中、科技和教育最发达的地区，从政治、地缘上看，必将发展成为21世纪中国最重要的世界城市发达地区之一。目前，世界重要国家的首都

都面临着提升功能和增强竞争力的挑战，应对挑战的有效途径之一是寻求城市地区的整体协调发展，汇集区域的整体力量来增强其在国际分工中的有利地位和控制能力。在激烈的国际竞争中，各个国家、各个城市，都要增强区域的整合和区域整体的竞争力，注重以区域整体的实力参与国际竞争，在全球经济发展、文化交流以及社会管理的组织、协调功能中注重发挥整体优势，区域已经成为国际竞争的主力。这种区域竞争的能力，代表一个国家和地区在国际上的竞争能力。推进京津冀区域协调发展，是我国改革开放、经济社会发展到一定阶段，在新的国际、国内背景下的必然战略选择。根据京津冀区域的优势和潜能，依据我国改革开放和现代化建设这一阶段性历史任务的需要，从功能定位上来看，京津冀区域由于其不可替代的政治、经济、文化中心地位，形成了一些特殊的优势，这一区域可定位于：重要的知识经济与高新技术产业创新基地；重要的现代制造业生产与加工基地；重要的现代物资流转中心与贸易集散地；文化与交流中心；重要的人才培育中心与信息交流基地；多功能和国际化的综合型经济区域。

因此，京津冀区域应加强区域合作，积极推进京津冀区域在产业结构、生态建设、环境保护、城镇空间与基础设施布局等方面的协调规划。充分发挥天津港口、交通和现代服务业等优势，为京津冀区域扩大开放提供通道和载体。京津冀区域的发展已经进入新的阶段。如何基于二十多年来京津冀区域的发展实践，把京津冀区域建设成为中国具有世界水平的大都市地区，是摆在我们面前的问题。近期，京津冀协同发展有可能在以下方面率先突破：一是以北京新机场为契机，共建国家级临空经济区域合作示范区；二是依托天津滨海新区，共建中国投资和服务贸易最便利的综合改革创新区；三是抓住京津冀三地优化空间结构的机遇，共建国家级的京津科技新干线；四是抓住北京中心城区功能疏解的机遇，共建首都绿色生活圈。

三、京津冀区域的发展趋势

（一）加快京津冀区域建设是实现我国区域经济协调发展的战略之举

京津冀区域的建设发展事关国家区域经济发展的整体战略，加快京津冀区域建设是带动北方经济振兴，实现南北呼应、协调发展的必然要求。京津冀区域可以利用自身独特的区域优势，做好沿海工业与东北老工业基地联动，共筑中国重化工业和高新技术产业高地。还可以与中西部联动，实现东中西部协调发展。

（二）发挥天津的北方经济中心优势，加快京津冀区域建设

发挥滨海新区的引擎作用，天津应该成为北方经济中心，这是因为天津具备形成北方经济中心的客观条件。天津地理位置特殊，靠河临海，交通便利，海陆空枢纽位置突出，物流通畅便捷高效；天津作为畿辅首邑，可以联手北京打造京畿都市圈，依托北京的科技、文化及政策资源优势，天津可以与北京进行差异化发展，并进行产业协作，实现互利共赢；天津濒临渤海，腹地辽阔，沿海有大片不适宜耕作但却非常适合开发利用的盐碱地和滩涂荒地，借助土地资源优势，可以通过产业结构调整升级，大力发展现代制造业、现代服务业和高新技术产业等来增强天津城市竞争力，向外可以辐射河北、华北，还有连通东北和西北的战略通道，打造区域经济高地。

（三）充分发挥比较优势，实行差异化发展

与长三角地区、珠三角地区相比，京津冀区域相对落后，国有经济比重高、市场意识相对淡薄、区域发展缺乏明显的产业分工、内部联系不足、缺乏有效的协调机制、低水平竞争导致资源浪费等因素制约着京津冀区域

的经济合作。但是随着日本提出"环日本海（东海）经济圈"、韩国提出"环黄海经济圈"、联合国资助的"图们江国际合作开发"以及我国的"东北大开发"，环渤海地区在切实感受到压力的同时，也看到了机会。"在与日、韩产业链对接，形成相互依存的一体化经济，是实现环渤海地区经济国际化的重点"。

第四章　国内外区域发展现状及经验借鉴

一、国外相关区域的发展启示

西方发达资本主义国家的经济发展轨迹已经证实区域合作的重要性，如世界四大都市圈：纽约都市圈、伦敦都市圈、巴黎都市圈和东京都市圈。以东京都市圈为例，该都市圈以东京为中心，由东京都、千叶县、神奈川县、崎玉县共同组成，总面积 1 万 3 千 4 百公里，GDP 占日本全国的三分之一。❶东京集中了日本三分之一以上的大学，是日本经济、政治、文化的中心，这是生产力高度发展的结果，也是工业化、城市化的结果。同时各城市的分工非常明确，如东京主营内贸，横滨专注外贸，千叶为原料输入港等。

二、世界六大区域协调发展的经验总结

自法国地理经济学家戈特曼 1957 年提出"大都市经济圈（带）"的概念以来，区域的发展成为衡量一个国家或地区发展水平的重要标准之一，区域理论也逐步向多元化、深层次发展。戈特曼依据人口规模和人口密度类型，认为世界上有六大区域。半个世纪以来，世界六大区域在协调发展模式，特别是在管理体制和运行机制方面积累了丰富的实践经验。

英国以伦敦为核心的区域采用行政架构协调模式，直接运用中央政府的行政力量，着眼于区域全局和长远发展战略的一体化协调。在组织管理方面，

---

❶　东京都市圈启示. 国家发展改革委. 城市和小城镇改革发展中心课题组,2014(8).

1964 年创立大伦敦议会，20 世纪 80 年代大伦敦市综合协调上交中央政府，1994 年设立伦敦政府办公室和专门区域发展机构，2000 年成立大伦敦市政权，对大伦敦地区 32 个自治区和伦敦开发公司整体统辖。该区域起步早，认识超前，注重规划法案的制定和出台，英国议会于 1944 年、1946 年和 1985 年先后制定出台了《绿带法》《新城法》《地方政府法案》，对英国以伦敦为核心的区域发展战略规划和区域协调发展进行约束。

欧洲西北部区域采用市（镇）联合体一体化协调模式，主要是在 20 世纪 60 年代起自发自愿地组成联合协调机构——市镇联合体框架内进行区域协调。从具体的规划法案看，该区域以巴黎为核心，先后颁布出台《巴黎地区整治规划管理纲要》《巴黎大区总体规划》《城市（市镇）联合体法》等，并于 2009 年实施"大巴黎计划"。市（镇）联合体一体化协调模式的特点在于明确了政府不干预规划的具体内容，联合协调机构可以对基础设施、产业发展、城镇规划、环境保护以及科教文卫等一系列活动进行一体化协调。

日本太平洋沿岸区域采用核心城市（东京）主导，企业、非政府组织、公民等多元主体共同参与的混合协调模式。在协调组织构架方面，1950 年成立首都建设委员会，1956 年首都建设委员会升级为总理府下属的首都圈整备委员会，1974 年包括首都圈整备委员会被并入国土交通厅。该区域最大的建设和协调经验在于规划法案的制定和实施，先于 1946 年、1947 年和 1956 年先后颁布了《东京城市震灾复兴规划》《地方自治法》《首都整备法》，1958 年开始出台《首都圈建设规划》，此后每 10 年左右修订一次，目前已修订 5 次。此外，政府主导运用产业政策、区域功能分工、大交通、自然环境等许多专项规划与政策进行协调。

北美五大湖区域和美国东北部大西洋沿岸区域在协调体制机制上有异曲同工之处，大致采用城市政府机构和民间团体共同协调模式，以商会团体为主的民间团体组织是大都市区管治的主要力量。前者前期主要依托 1955 年成立的跨国组织——大湖委（联盟）开展工作，2000 年由民间团体组织——贸易俱乐部牵头成立了"芝加哥大都市 2020"的新组织；后者由半官方性质的地方政府联合组织——纽约区域规划协会（RPA）、跨区域政府机构——纽约新泽西港务局等和功能单一的特别区共同协调。规划方面，以纽约和芝加哥区域规划为蓝本，多次修编或重新编制规划，致力于区域协调发展。

以上海为中心的长江三角洲区域采用区域一体化协调模式，自上海经济区协调办公室撤销后，到目前为止还没有一个专门的、具有规划决策权和投资决策权的权威的法人协调机构存在。该区域于1997年成立长江三角洲城市经济协调会，从2001年起每两年由三省（市）省（市）长参加的沪苏浙经济合作与发展座谈会，从2003年起相继签订南通等《长江三角洲地区城市合作协议》，各省市政府部门之间在交通、科技、旅游、金融等三十多个专业部门建立对口联系协调机制。2010年5月，《长江三角洲地区区域规划》出台，以上海为中心的长江三角洲区域发展上升为国家重点区域发展战略。

世界六大区域协调发展具有一定规律性，集中表现出以下特点：

第一，协调机构的完整性和规范性。世界六大区域中，除以上海为中心的长江三角洲区域没有专门的法人协调机构存在之外，其他五大区域均具有多样化的协调机构存在，且协调机构的组织管理形式随区域的不断发展和协调需求的变化而不断演化。纵观西方发达国家先进经验，基于政府管制和市场机制双重力量的相互作用，以及区域特色、历史文化以及民族性格的考量，区域协调机构和组织管理模式主要有三种：一种是以英国伦敦为核心的区域和日本太平洋沿岸区域为代表的中央政府特设机构主导协调模式；一种是地方联合组织主导协调模式，例如：欧洲西北部区域的市镇联合体；另一种是以民间组织为主、政府为辅的联合协调模式，美国东北部大西洋沿岸区域和北美五大湖区域主要采取这种协调模式。随着市场化趋势的加速，民间组织在区域协调中的地位和作用越来越突出。

第二，协调机制的层次性和互补性。对照区域协调机构和组织管理三种主要模式，政府、企业、非政府组织、公民等多元主体共同参与实现一体化协调，这是理顺区域协调机制的基础。通过区域内市长对话、城市发展协调会、部门协调会、民间组织合作等形式，建立起上下打通、左右联结的协调网络，制定不同行政区之间在区域发展、产业、基础设施、交通、信息、环境保护等方面的某些具体措施和协调机制，欧洲西北部区域和以上海为中心的长江三角洲区域做法较为完善，但也存在优化升级的空间。此外，世界六大区域中除北美五大湖区域和以上海为中心的长江三角洲区域外，均为环首都区域，但是区域协调发展机制的政治色彩并不浓厚。

第三，规划法案的协调性和适时性。世界六大区域经过多年协调发展，大都已经形成较为完善的规划体系。20世纪初期的美国东北部大西洋沿岸区域和北美五大湖区域，20世纪中期的以英国伦敦为核心的区域、日本太平洋沿岸区域和欧洲西北部区域，20世纪末的以上海为中心的长江三角洲区域均针对区域的发展雏形制定了相应的综合性规划法案，作为区域管理与发展问题的规章和依据。随后，这些区域协调发展相关规划法案大都经过一次或者多次的修编，以保证规划法案符合时代特性和区域发展属性。同时，随着综合性规划法案的实施，一系列微观管理和协调问题凸现出来，专门性规划法案逐步制定并不断完善。区域规划法案随时间推演和发展阶段逐步呈现体系化趋势。

三、中国主要区域的发展现状及特点

（一）长江三角洲区域

长三角区域的空间地域范围涉及两省一市，包括1个直辖市：上海；3个副省级市：南京、杭州、宁波；以及江苏和浙江的11个地级市，城市间联系紧密。土地面积10万平方公里，占全国总面积的1.1%；人口7570万，占全国人口总数的6.1%。其中科技人员占区域总人口的3.8%。目前，这一地区创造了占全国15.4%的国民生产总值、22.4%的工业生产总值和22%的中央财政收入，是中国经济实力最强、产业规模最大的三角洲，是中国最大的经济核心区，也是我国最大的城市（镇）连绵区，世界各大河三角洲人口数量最多、密度最高和城镇数量最多的地区。● 长三角区域是以现代服务业中心及现代制造业高地为其发展目标，立足提升我国的装备业水平，瞄准产业发展的系列技术创新进行突破，建设发展以金融和航运为主体的市场服务体系。长三角区域的主要特点是民营经济发达，城市分布层次清晰，结构合理，产业联系较为密切，形成多领域的互动合作，区域合作向深层次发展。

(二) 珠江三角洲区域

1985 年，中央确定珠江三角洲为经济开放区，初定范围是 4 市 13 县，1987 年扩大为 7 市 21 县，称为小珠江三角洲。1994 年珠江三角洲开放区扩展到 14 个市县及其辖区。2001 年人口达到 2336.79 万人（按年末户籍人口计算），占广东省 30.9%。● 珠三角区域是以外向型经济为主要特征，是创新、创业中心，借助香港的优势发展服务业，也是高科技加工生产基地，瞄准高新技术向实用产品的转化。珠三角区域的主要特点是外资经济发达，区域合作向深层次发展，"泛珠合作"已经辐射到广东、海南、福建、湖南、江西、广西、四川、云南、贵州等多个省区市。

(三) 环渤海区域

是以京津两个直辖市为中心、大连、青岛等沿海开放城市为扇面，以沈阳、太原、石家庄、济南、呼和浩特等省会城市为区域支点，由 157 个大小城市组成的我国范围最大的区域。环渤海经济区构想始于 20 世纪 80 年代中期。"十四大"首次提出把环渤海地区作为我国加快开发的重点地区之一。八届全国人大第四次会议通过的国民经济和社会发展"九五"计划的 2010 年远景目标纲要中提出把环渤海地区建成全国七大跨省（区）市经济区之一。它包括辽、冀、京、津、鲁、晋六省市和内蒙古中部七盟，陆地面积约 111.4 万平方公里，占我国陆地总面积的 11.6%。2003 年七省区人口约为

● 沈惊宏. 改革开放以来泛长江三角洲空间结构演变研究. 博士学位论文,2013.
● 林聚. 珠三角城镇群规划的重点和难点. 规划师,2006(3).

2.9亿，占全国总人口的22.5％；国内生产总值约为3.63亿元，占全国总量的31％。❶ 环渤海区域在我国社会经济中的地位举足轻重，正日益受到国际的关注。在面向共同市场，加快融入东北亚经济圈的进程中，正出现巨大的分化。这一地区的区域可以很明显的分为三个区域，即京津冀区域、辽中南区域和山东半岛区域，京津冀区域显然更具优势和竞争实力。

四、中国三大区域的发展比较

（一）三大区域面积、人口和经济概况的比较

京津冀与长三角、珠三角地区在面积、人口和经济发展概况方面存在一定的差距。其中，长三角的空间面积和承载人口数和京津冀地区大体相当，远大于珠三角地区。在各区域内部，除上海、广州外，长三角和珠三角其他城市规模差距不大，而京津冀区域，除北京、天津外，其余城市规模较小。

（二）综合经济实力比较

从国内生产总值角度看，虽然整个环渤海地区的整体经济实力要比其他两个三角洲要强。但是由于环渤海地区的发展明显分化为：京津冀城市圈、辽中南区域和山东半岛区域，所以相对经济实力要弱，而且人均经济收入较低。以其中实力最强的京津冀区域与其他两个三角洲区域相比。无论经济总量还是人均GDP，长三角区域都是最高，珠三角区域位居其次，京津冀区域在三大区域中最低。

（三）经济外向度及经济发展资金来源比较

从进出口总额来看，珠三角最高，为14338亿美元，占全国的39％。其

---

❶ 刘宇虹．环渤海地区区域经济一体化相关问题研究．生产力研究,2010(10).

次是长三角，为 13041 亿美元。最后是京津冀，为 5457.6 亿美元。❶ 另外，珠三角的外来资金更多为港澳台和自身的积累；长三角的经济发展资金依托于跨国公司、园区经济以及本地的民间资本；而京津冀区域（北京除外）由于民间资本的缺乏，更多依赖于对外资的吸引。

五、国内外相关区域发展的经验借鉴

（一）合理改善区域空间布局，提升区域经济整体竞争力

目前，京津冀区域的发展明显分成三部分，而且每一部分的内部城市等级空间结构也不合理，除了京津两大核心之外，其他大中城市几乎没有几个。京津冀区域具有明显的人才、文化、技术和资金优势，是中国的政治经济文化中心；距离日、韩最近，具有独特开放的优势。在经济发展上已基本形成了门类齐全、支柱产业优势明显的工业体系；京津冀区域集中了不少大中型企业，是我国重要的产业基地。这些都将为确立环渤海区域中心地位提供重要支撑。区域内部各省市若能合理分工，优势互补，就可以避免非正当竞争。经过整合发展，京津冀区域可以成为区域经济合作中充满活力的重要经济体。

（二）增强集聚与扩散能力，带动华北以及东北、西北经济协调发展

京津冀区域优势互补，齐心协力打造最具活力的经济中心，创造良好的开放条件，更好地接受日本、韩国的产业转移以及全方位扩大与世界的经济技术交流，形成面向世界的科技、经济、文化基地。京津冀区域的辐射带动范围包括我国华北平原、西部地区、东北地区。将京津冀区域建设纳入国家发展战略，不但可以加快我国西部工业化、城市化、国际化步伐，还可以连

---

❶ 李娟.中国区域经济合作比较研究——基于环渤海、长三角、泛珠三角的实证分析[D].山西：山西大学,2008.

接东北亚、带动更大范围的经济合作，促进中国与世界各国进行广泛的经济、文化、技术交流。

（三）制定区域开发规划，建立健全区域开发法律制度和管理机构

为了解决严重的地区经济困难并为西部落后地区的经济发展做出规划指导，美国政府在 20 世纪 60 年代至 80 年代先后颁布了《地区再开发法》《公共工程与经济发展法》《阿巴拉契亚发展法》等多个法案，❶ 政府还成立了地区再开发署来实施这些法案，落实对困难地区的援助，法案的颁布和实施以及专门管理机构的建立，对落后地区的经济发展起到了较大的促进作用。以田纳西河流域为例，1993 年，全区的人均收入为 168 美元，不及全美国平均水平的一半。但是在田纳西河流域管理局的统筹规划和组织领导下，经过近 50 年的综合开发治理，到 1980 年，全区的年人均收入已经达到 7378 美元，为 1933 年的 44 倍，接近美国的平均水平。在日本，为缩小地区经济发展差距而实行的各项区域经济政策，都以法律形式颁布实施。法律的严肃性、规范性和稳定性，保证了经济发展落后地区推进发展的顺利进行。采取灵活多样的政府援助方式促进不发达地区经济发展，在明确了区域协调发展的政策取向后，各国政府都以立法、计划、行政命令等方式出台了各种援助不发达地区经济发展的具体措施，主要包括以下几个方面：1. 转移支付。各国使用具体的宏观调控工具，如面向民间资本和外资的投资补贴、购买设备补贴、创造就业补贴、劳动成本补贴，以及面向地方政府及居民的地方财政补贴、扶贫补助金、农矿产品价格补贴等，以这些转移支付方式扶持不发达地区经济的发展。2. 政府投资。通过运用公共投资政策改变区域间经济发展的不平衡，是各国普遍采用的办法。在意大利，政府通过直接投资或合资的方式在不发达地区兴建国有控股企业，以此促进区域经济的协调发展。3. 税收优

---

❶ 魏后凯等．中国地区发展—经济增长、制度变迁与地区差异 [M]．北京：经济管理出版社，1977：271-273.

惠。对不发达地区实行税收优惠，包括减税、免税、退税等，在实现区域经济协调发展中占举足轻重的地位，实现税收优惠的具体办法很多，优惠的对象可划分为面向地方政府、居民、以及企业和投资者等三种，如美国联邦政府给予不发达地区更大的税收豁免权。

（四）把基础设施建设作为区域经济开发的先导

日本为促进区域经济的均衡发展，先后制订了四个全国综合开发计划，其中，在取得明显效果的第二个计划中，政府把重点放在了通过改善交通、通信基础设施，并辅之以大规模的开发项目来促进区域经济发展的差距上。同样，美国在协调区域经济发展的过程中，高度重视基础设施建设，并重点投资水电工程、全国公路网、全国信息网、环境保护和基础教育领域。这些基础设施的相继建设，极大地促进了不发达地区的经济社会全面发展和全国统一市场的形成，极大地推动了区域之间的协调发展。

第五章　京津冀区域发展战略

纵观全球经济发展态势，以世界城市为核心的大都市区域已成为世界经济最为活跃的区域，并开始逐步主导全球经济。21世纪中国的发展将形成以长三角区域、珠三角区域和京津冀区域为龙头，沿海和沿江形区域成"T"字型的发展态势，形成沿海经济带和沿江经济带两个经济比较发达的战略经济带。京津冀区域是我国经济发展最活跃的区域之一，是带动我国经济增长的主要引擎。京津冀区域历来是我国经济的重心，改革开放以后，又获得了突飞猛进的发展，成为我国经济社会发展的龙头和经济社会发展的高地。一个国家的经济发展，需要一个大的区域性的经济增长极，作为国家经济发展的区域战略布局来带动国家经济发展，一个地区的发展同样也需要一个经济增长极，需要一个中心城市的带动和推动。就我国区域发展现状和京津冀区域发展现状及其潜能来看，这一地区应当是国经济发展的区域增长极。

第一节　京津冀区域的发展定位

京津冀区域应健全和完善要素、资源集聚的支撑体系，为产业集群与城市化的互动发展提供基础保障。实现区域产业集群与城市化互动发展的基础是合理的要素、资源的集聚，而实现资源的集聚需要健全、完善的支撑体系。京津冀三地应建立完善、统一的要素流通市场，使区域内各种生产要素，如资金、人才、技术等，在市场机制的作用下自由地流动、交易，从而使各生产要素在京津冀区域达到合理科学的配置；各地政府应利用京津冀高校、科研所云集的优势，为集群企业发展提供必要的、有效的信息研究、相关技术研发支持和专业化培训、教育。京津冀区域的具体发展目标如下：第一，是国家参与全球竞争和国际分工的世界级城市群；第二，是我国乃至世界的研发创新、高端服务和大国重器的集聚区；第三，是我国未来最具活力的经济增长极和带动环渤海发展的核心区；第四，是带动我国北方向东北亚、西亚、中亚、欧洲全方位开放的门户地区；第五，是探索区域空间优化、科学持续、协同发展、互利共赢的示范区。

首先，从全球的层面来看，加快京津冀区域建设的目标是要成为在全球大都市连绵带发展中具有国际竞争优势的世界级的大都市地区。加快京津冀区域的建设，应该立足于成为代表中国和亚洲参与国际分工和国际竞争的世界性大都市连绵带，成为 21 世纪世界经济增长和社会、环境协调发展的重要引擎。其次，从全国的层面来看，加快京津冀区域建设的目标是要在全国三个大都市带的发展中起到整合性、龙头性的作用。目前影响中国发展的三个都市圈（即珠三角都市圈、京津冀都市圈、长三角都市圈），在各自独立发展的同时，需要有一种整体上的组合。从三个区域的核心城市比较看，京津冀区域带有相对明显的政治属性；在知识创新上，京津冀区域具有明显的优势。最后，从区域的层面来看，加快京津冀区域建设的目标是要促进京津冀区域形成更加一体化的空间发展格局。京津冀区域未来的发展应该吸纳较多的人口，城市化率达到 70％以上；在城市内部形成合理的层级关系，承担不同的功能；成为具有发达的区域性基础设施网络、在国家和世界经济中具有枢纽作用的世界级的大都市地区。为实现把京津冀区域建设成为世界级区域的总目标，京津冀区域今后的发展要从以下几个方面着手。

一、我国经济发展的示范区之一

处于经济全球化与我国现代化的发展背景下，从我国经济宏观战略角度看，经济发展需要发达地区的示范和带动，需要高梯度地区对低梯度地区、对全国经济带的扩散辐射。特别是在我国经济发展和改革开放的现阶段，在国家为协调发展而进行宏观调节的同时，发达地区对全国经济增长的积极带动效果更加显著。发达地区对全国经济增长极的扩散与带动效用，又取决于增长极地区的经济能级和能量，经济能级越高，能量越强，对周边经济乃至全国经济的带动力越强，对全国经济和社会的贡献越大。为强化这一积极效应，必须进一步提高京津冀区域的经济能级与能量。京津冀区域在我国区域经济版图北部，客观上已成为拉动我国经济发展的"三驾引擎"之一，拉动了我国经济增长的区域战略结构。因此，增强中国经济发展的动力，应当提升与提高京津冀区域的经济能级与能量，使之成为中国区域经济发展的重要战略之一。

二、我国知识与技术的核心区域

科技是京津冀区域拥有的突出功能，即在知识创新上，京津冀区域具有明显的优势。京津冀区域大学和科研院所聚集，是主要的创新源，未来将成为知识创新、技术创新的核心区域。通过区域科技创新体系建设，以及以此为契机的传统产业升级和高新产业的迅速发展，推动三次经济结构调整向更高的水平发展。在京津冀区域要强化创新，争取培育成我国的硅谷。创新能力决定着企业和一个地区的发展能力，京津冀区域有较好的人文环境和较雄厚的工业基础，并且形成了京津塘高新技术产业带和信息产业带。应当充分利用区域内人才智力资源丰富的优势，从创建我国的硅谷这一战略高度来培育和提升这一地区的综合创新能力，形成我国的自主创新高地。

三、世界文化城市与国际交往中心

京津冀区域是全国的政治和经济管理中心。与长江三角洲地区和珠江三角洲地区相比，京津冀区域的最大区别是首都圈特色。北京是国家的政治中心和经济管理中心。从我国东部沿海地区三个区域的核心城市比较看，京津冀区域带有相对明显的政治属性。上海、广州、北京都是区域内经济、金融、贸易和物流的中心城市，但北京作为首都更有得天独厚的政治背景，这为在世界政治文化活动和世界交往活动中获取竞争优势奠定了基础。

四、国际交通枢纽和港口物流中心

根据世界航空业发展的总体趋势，以及国家对北京、天津的城市定位和京津冀区域建设"世界城市"的功能需要，京津冀区域机场体系发展的总体目标确定为：在2020年之前，依托首都机场和天津滨海机场，使京津冀区域发展成为东北亚地区航空枢纽；在2030年内，以首都机场——滨海机场规划的北京第二机场为核心，以连接三个机场之间的高速铁路为纽带，在京津冀区域建成"三点一线"点轴模式的京津冀区域机场体系，最终将发展成为亚太地区的复合型航空枢纽。随着北京第二国际机场的建成，首都机场、天津机场和北京第二国际机场将形成我国最大的航空枢纽群，可按照民航战略规划，塑造国门的新形象，实现亚太地区航空枢纽的功能，建成世界一流的大型复合枢纽机场。

京津冀区域的港口除了有天津港、秦皇岛港两个亿吨大港，还有京唐港、黄骅港和曹妃甸深水码头。目前正在以天津港为龙头，整合秦皇岛港、京唐港和黄骅港，建设成世界一流港口群，依托广大的内陆腹地和京津冀特大区域，实施多港区布局、海陆双向拓展，建设国际贸易主枢纽港和国际客运码头。利用京津冀区域尤其是北京和天津的海、陆、空综合运输优势，依托首都国际机场、天津港以及发达的高速公路铁路网构建国际交通枢纽，打造现代国际物流中心，加快构建现代化的高速交通网络，形成国际交通枢纽和物流中心之一。

五、世界加工制造业中心

在全球化进程中，产业集聚是必然趋势，京津冀区域已经成为海外资本尤其是日韩资本进入我国大陆的首选目的地之一，成为世界上重要的加工制造业基地之一，重点突出现代制造和研发转化基地的功能。制造业在今后国际经济中特别是在中国现代化进程中，仍将发挥支撑作用，因此中国需要有制造业的发展，需要有自己的制造业基地。这种基地，规模要大，产值要高，在经济总量中占有较大份额，而且更在于其整体水平较高。只有高端制造业才能在我国经济发展中发挥带动和领先作用；在我国产业结构优化中，才有促进优化的功能，在世界市场上，才有我国民族工业的竞争力；在国际政治、经济变动的复杂背景下，我国的工业和经济才能有自己的主动性，而不受制于国际资本。确立京津冀区域作为我国制造业优势与强势高地的目标，必须在提升这一区域的产业层次，优化产业结构，加强技术的研发，充分利用当地与国内科研院校的作用，增强体制与机制的创新能力，提高我们自己的企业管理水平，并在提高劳动者的整体素质上有大的推进，使这一地区的产业不仅总体水平提高，对国内产业有带动引导和优化作用，成为面向世界的加工制造业基地。

从京津冀区域讲，制造业的加强聚集一方面得益于传统的工业基础，北京不仅是全国的政治文化和国际交往中心，产业基础也比较雄厚，高新产业和商业服务比较发达；天津是我国北方重要的港口城市，加工工业历史悠久，门类齐全；河北环京津地区的主要城市经济发展水平也比较高，唐山、秦皇岛、沧州、保定和廊坊有着很好的工业基础和资源优势，是京津工业转移的重点地域，主要以发展重工业、加工工业及部分轻型工业为主。另一方面，又得益于优越的地理区位，给大规模的海运提供方便的条件；以京津为中心的京津冀区域有着发展制造业的综合优势环境；较好的教育科研基础和普遍较高的劳动力素质；京津冀区域自身的强大市场和广大市场腹地等。由于这些重要因素，京津冀区域制造业的发展将会有更大的潜力和良好的前景。这一地区已经成为我国最大的制造业基地之一，但现代化水平还有待提升。

第二节　京津冀区域协同发展的策略

随着改革开放的深入，以区域经济一体化为主要特征的新的空间发展格局，正在演变成为中国经济格局的最大特征。在全球化、区域化的进程中，我国区域经济也在努力发展，以期获得更大的国际竞争优势。因此，加快京津冀区域发展，就成为加快中国北方经济发展的必由之路。社会经济发展背景的巨大变迁使区际、区内各要素之间的联系空前密切，作用也更为强烈，区域内任何一个地区的发展建设都会彼此产生影响。因此，区域发展战略必须突破传统观念上封闭的行政区界限的束缚，着眼于区域整体利益的维护和实现，促进区域整体协调发展。推动京津冀区域的经济一体化，必须制定一体化的发展规划，将不同的城市等级、不同的行政主体以及不同的功能区域组织成为区域经济一体化的复合体。区域的优势得不到发展，不利于城市本身的发展，不利于区域的发展，也不利于国际竞争。国际上空间的竞争已经成为一个焦点，世界大城市发展竞争加速，大城市与大城市的竞争，实际上更是地区与地区的竞争。

要推进京津冀区域一体化进程，应当按照先易后难的原则，循序渐进，稳步推进。先从市场机制比较成熟，协调相对容易的行业或产业入手来推动一体化进程。从京津冀区域的现状来看，基础设施、旅游、生态环境等都是比较容易取得进展的领域。京津冀区域经济发展应该是内部优势大于劣势，外部机遇大于威胁，应该采取积极有效的措施，加快京津冀区域的发展。京津冀区域合作应在已取得初步进展的基础上，总结经验，更加积极地拓展合作领域、合作范围与合作空间，创新合作机制，提升合作成效，全面推进京津冀区域一体化进程。

一、强化区域合作

目前京津冀区域海域的合作、航空港的合作、铁道交通的合作，都要通过区域规划来协调解决。机场问题、有轨快速交通问题、港口问题，都不是一个城市能独立解决的，只有区域协作才能完成。推动京津冀区域经济一体化，就要自觉地互补协调，更好地活跃地区的发展。总的来说，就是要加强区域的统筹管理，建立行之有效的区域协调的特设机构。例如长三角区域，它有市长联席会议，整个地区包括江苏、浙江、上海，两省一市会对共同的问题进行协调。同时，长三角区域学术研究已经很多年了，而且年年都开城市科学会议；珠三角区域也有类似的研究机制。从交通基础设施及软件沟通方面起步，打破割据发展现状。

长三角地区、珠三角地区经济发展都是市场主导型的模式，企业参与在先，政府间协商和制度安排在后。而京津冀区域有其特殊的政治背景，仅凭借市场力量难以实现区域内部的整合和协调。京津冀区域的合作是首要前提，只有共同合作才能提升京津冀区域的整体实力，从而达到整个区域资源共享、协调发展的总目标。加速推进区域合作的进程，需研究制定超越现有行政区划，并能够覆盖经济区域内各城市、各行政主体以及各功能区的整体区域发展规划，组成高层次的区域性协调机构作为区域经济发展的组织保障体系，制定区域发展战略与规划。要落实国家"十二五"规划的发展要求，推进京津冀区域经济一体化发展，将北京、天津与河北紧密联系，协调发展，努力成为我国经济发展新的引擎。为此，要做好以下几点：

（一）统筹规划，加强协调

京津冀各地要弱化行政界线，加强联系，形成整体、高效的联动机制，共同建立齐抓共管的"管理委员会"，出台相应的"区域发展规划"，达到人才、资金、资源、信息在区域内自由流通，形成市场一体化，产业结构分配合理，资源要素有效利用的良好发展态势。在京津冀区域合作发展中，政府应着眼于区域整体发展，制定统一的、具有强制效力的合作发展规划及执行方案。区域协调发展必须树立大局观念，加强各省市政府间的协调和衔接，逐步消除地方保护主义等妨碍区域合作的思想障碍和政治体制障碍，弱化行政区域的划分，强化经济圈的概念。要打破地域界限，加强经济政策协调，避免过度竞争，才能促进区域经济的共同发展。

（二）合理布局，协同发展

京津冀区域一体化发展起步较晚，与长三角地区和珠三角地区相比，经济联系较为松散。实现京津冀区域一体化的障碍主要表现在区域发展缺乏统一、合理的布局，尤其是在经济发展和招商引资过程中，各地不可避免地存在着追求各自经济增长目标，不利于区域整体发展。要通过城市间的发展规划，明确经济一体化的总体目标，而不应片面追求局部发展，应从整体利益出发，解决好跨省区经济发展中的一些重大问题，促进区域共同发展。

根据国内外经济发展形势，不断调整和完善区域内各省市发展规划，综合协调规划区内各省市单独难以解决的重大问题，主要是区域性基础设施的共建与共享、投资环境的营造、产业合理布局等；研究制定促进区域社会整体发展的综合政策体系，为京津冀区域的持续发展提供政策和体制上的支持；进一步完善城市布局。在合作中，要重视区域内各地的优势互补，发挥自身优势产业和优势资源要素，以支援、服务其他地区的发展，形成互惠共赢的局面。在京津冀区域协调发展过程中，不仅要重视区域内的合作，还要加强同国内其他区域的合作，以及国际间的合作。在合作中，巩固自己的功能地位，有效利用各种资源要素，以促进区域的协调发展。

二、突出京津的引领作用

京津冀区域在协调发展中，核心城市的引领带动作用非常重要。京津冀区域与国内其他区域不同，群内有两个核心城市——北京、天津。"双核"的存在有助于增强核心城市支配效应、扩散效应的发挥。两个核心城市协同合作，共同担当起增长极的重任，同时也缓解了京津两市的职能压力，能更好地发挥两市各自的特点和优势，形成辐射整个区域的协调发展效应。京津冀区域中的"双核"在充分体现增长极功能的同时，应该加强合作，互补互进，将自身的优势扩大到整个区域，合力发挥、巩固在京津冀区域中的引领、带动地位，促进京津冀区域协调发展。

北京是我国的政治文化、金融贸易和与世界交流的中心，是我国科学技术的集中地，科研机构众多且涉及领域全面，有较强的研究能力，同时对外开放程度较高，各种先进的科学理论和技术成果在此交汇、转移、交流，辐射到整个区域。北京市高校众多，教育水平高，是强大的优质人才贮备基地。同时，北京市的发展也拥有好的政策支持。北京市要充分发挥核心功能，充分发挥自己的优势，促进京津冀区域的协调发展，并依靠这些优势将自己定位在政策引领、科技支撑、文化交流、金融调度等主要功能上，要以政策、科技、人才为抓手，指挥并协调整个区域的发展。

　　天津是区域内的经济核心，产业结构密集，现代化产业水平高，并引领区域内产业发展，已经形成电子产品、汽车、新能源等为支柱的优势产业。市内的滨海新区也是我国北方对外交流的重要门户，拥有国际化、现代化的港口，是我的物流中心，同时是国际运输重要的中转站。滨海新区现代产业发达，带动天津乃至整个京津冀区域发展，是带动京津冀区域协调发展的增长点。在京津冀区域协调发展中，天津市要将自身的产业优势扩散到周围地区，使周围地区形成配套的产业结构，将自身定位在调节区域内产业结构、指挥区域内产业分布、区域与国际间要素流通的重要枢纽等功能上。

三、完善产业结构

　　京津冀区域产业整合战略构想是，统筹考虑区域范围内支柱产业和主导产业的内容，形成京津冀区域的产业分工和合作布局。各个城市不宜过分强调在自身行政范围内培育和形成支柱产业和主导产业，而应因地制宜的在区域性的产业结构中寻找自己的位置，发展特色产品和优势产业，从而改变当前重复建设和产业雷同现象，形成产业空间的合理布局与分工。要着眼于大系统的合理性与效益，综合研究京津冀区域各组成系统之间的产业结构及布局的调整与整合，以期优化地区资产与资源的配置，促进区域经济整体协调发展。根据京津冀区域的基本条件和优势特色，通过合理规划和协调合作，可以形成以知识经济和高科技产业为龙头，以现代农业、现代制造业、现代服务业以及海洋资源型产业为主体内涵的产业结构框架。产业链是京津冀区域产业结构配套发展的抓手，核心城市的产业结构外溢也是通过产业链实现的。区域内各城市通过产业链的配套发展，形成相互扶持的产业集团，达到经济协调发展的目标。

（一） 京津

北京的主要经济功能定位是：全国知识经济、总部经济发展基地；全国重要的现代化服务基地；全国经济调控与管理中心；我国国际经济交往中心。天津的主要经济功能定位是：环渤海地区的经济中心，要努力建设成为国际港口城市和北方经济中心；现代制造和研发转化基地；我国北方国际航运中心和国际物流中心。北京的政治、金融、科技地位在区域中最高，所以应该着重发展第三产业，形成以第三产业发展为主导，带动区域产业结构调整，协调发展的增长模式。天津现代化产业水平高，在区域中是产业结构调整的支配者，拥有发达的工业和制造业，其第二产业是主体，是京津冀区域的产业核心。"双核"城市在产业结构上可以优势互补，共同作用于整个区域，可以形成协调发展的核心产业带，从而引领区域的发展。

（二） 河北

河北的主要经济功能表现为：华北现代重化工和原材料基地；华北重要的现代制造业基地和港口物流通道；华北绿色现代农业及畜牧业基地；华北滨海旅游及文化旅游休闲度假区。是京津冀区域发展坚实的后盾，可以在资源、生产力等方面提供强大的支持。在京津冀区域中，石家庄应该加快发展步伐，定位在城市群第三增长极上，成为京津冀区域的副中心城市，与北京、天津呼应，分担核心城市的中心职能，共同协调分配城市群内的资源要素的分配。产业方面，石家庄应大力发展第三产业，着力提高现代化产业和服务业的发展，重点发展医药产业，努力打造成全国的"药都"。石家庄也是我国东西、南北的铁路交通枢纽，要借助这种优势大力发展现代物流产业，加大区域与外部的交流。

唐山、秦皇岛、沧州、保定和廊坊有着很好的工业基础和资源优势，是京津工业转移的重点地域，主要以发展重工业、加工工业及部分轻型工业为主。唐山工业基础最好，应主要发展材料、机械等重型工业，同时可和天津一并成为高科技产业加工制造基地，与作为研发基地的北京在首都圈内形成高科技产业合理的价值链地域分工。秦皇岛应主要依托其港口优势，重点发展临港工业，也可适当发展高科技的加工制造业。沧州以发展重化工业为主，并应积极开发其港口优势。而保定则以化工和农产品加工为特色，重点发展一些轻型工业。唐山是传统的工业城市，以第二产业为主，煤炭开采业和钢铁制造业在全国有着举足轻重的地位，要发挥自身优势，成为装备制造核心和动车生产基地。此外，曹妃甸的快速发展带动着唐山的发展，因此应该加快国际远洋物流业的发展。秦皇岛和承德旅游资源发达，以第三产业为主，两市的发展要依托旅游资源，以建立现代服务业为目标，发展第三产业，打造世界级的旅游重心，打造国际化、高水平的旅游区，并努力建成面向国际、世界知名的休闲度假胜地。在京津冀协调发展中，应该将天津、唐山、秦皇岛打造成为沿海的经济增长带，通过开放的对外交流，成为京津冀区域发展的先锋。廊坊地处京津之间，由于独特的地理位置，与核心城市联系紧密。在发展中应该依托地理优势，积极承接核心城市在高科技制造业的产业。还应加快第三产业的发展，以配合核心城市的发展，为核心城市的发展提供有力的保障。

此外，保定应大力发展太阳能等产业，并努力发展成区域内重要的新能源利用研发基地。沧州盐类产业发达，是我国的主要盐区，在未来的发展中应大力发展盐类化工产业。沧州还是华北油田重要的开采区，以资源优势支持着整个区域的发展，未来应着力建成国内一流的石油化工产业中心。张家口应着力发展能源利用产业，将风能转换成电能，打造京津冀区域的电力供给站，为京津冀区域的协调发展做好基础保障工作。在第一产业方面，保定、张家口、承德是主要的生活资源补给基地，这三个城市还应积极发展现代化农业，加大农业的科技投入，转变农业增长方式，用高新技术武装农业，发展特色农业，提高农业的产出率，加大对耕地等农业资源的保护，避免耕地流失、土地污染等灾害的发生。

四、打造综合交通网络

依据国家"十二五"规划的要求，京津冀区域要大力发展轨道交通，形成辐射整个区域的轨道交通网络。同时建成连接各城市的多层次、等级密布衔接的路网交通。在航运方面，天津、唐山、秦皇岛、沧州占有重要地位，都拥有高级别的港口，应该加强协作，使天津港、曹妃甸港、秦皇岛港、黄骅港协调承担京津冀区域的航运需求，打造协调发展的京津冀港群。天津港以进出口高新技术产业、对外贸易、国际物流为主；曹妃甸港以运送煤炭、矿石等资源为主，是资源型港口；秦皇岛港以旅游、度假港口为主；黄骅港分担天津港的物流压力，以国内物流为主。在空运方面，北京、天津拥有国家级的航空港，是群内的航空中心；此外，还应加速改造石家庄航空机场，扩大航空运输能力，使之成为京津冀区域次级航空港，分担北京、天津的航空运输压力。

（一）建设京津冀一体化的城际交通运输网络

京津冀的交通运输网络可以东京大都市带为范例，建设由高速铁路（300公里范围内）和高速轻轨（100公里范围内）为主导的交通运输网络。利用京津冀尤其是北京和天津的海、陆、空综合运输优势，依托首都国际机场、天津滨海国际机场、天津港、京唐港、黄骅港以及发达的高速公路铁路网构建国际交通枢纽，打造现代国际物流中心，加快构建现代化的高速交通网络，包括高速铁路和城际铁路网络、高速公路网络，逐步提高京津冀区域在我国乃至世界的中心地位和辐射功能。

（二）建设综合交通网络

以国道和集疏港主通道为骨架，以快速路为基础，连通港口、中心城区和各主要城镇及交通枢纽，连接区域内的主要城市，形成城乡一体化的综合交通体系。同时以空港和海港为依托，连接京津冀区域各主要城市，充分发挥京津对区域的服务功能，充分发挥世界级交通枢纽的作用。京津冀地区要把航空港、海港、信息港三者与区域及城际现代化综合交通网络有机连接起来；加强城市基础设施、服务设施和生态工程的配套建设，完成世界城市的基本形态框架。引导区域开发过程和改善空间结构。综合交通网的建立有利于促进重点地区开发和培育新的重点地区形成和发展，为区域内中心城市空间结构的优化、小城镇在空间上进一步集中创造条件，交通枢纽和节点地区将成为区域发展的重点地区。

（三）建设京津之间复合交通走廊

京津作为整个京津冀的核心区域，构建复合交通走廊（城际高速铁路、快速轨道交通、高速公路、城市快速路），连接北京和天津城市空间发展战略所确定的空间布局，打造京津塘高科技产业干线，促进沿线城镇群的发展，提升整个京津冀区域核心区域的地位和辐射能力。京津冀区域应该以发展轨道交通和网络交通为主，打造"3 小时"区域，即以北京、天津为中心，向外辐射，到达周围各市的时间在 3 小时以内，大力发展交通，切实加强京津冀城市群内各市的联系。同时，京津冀区域要充分利用地理优势，结合轨道、公共交通、航运、机场等打造结构合理，相互配合的立体化的交通网络，以保证群内各市的紧密联系，为核心城市的产业、资源要素等向周围城市扩散开辟快速的通道，成为京津冀城市群内人员流动、货物流通的主要载体。

五、加强基础设施建设

基础设施建设的完善、配套是京津冀区域协调发展的基础和保障。京津冀区域在协调发展过程中，首先要加强基础设施建设，完善的基础设施是招商引资，协调区域发展的重要基础，同时也是京津冀区域一切活动正常运行的有力保障。加强基础设施建设，就要求京津冀区域创造更适宜投资、工作、居住、生产、生活的大环境，努力改善京津冀城市群内各城市的住房结构，提高各城市医疗水平，增加城市供水能力，改变现有的市容市貌，加大城镇道路建设，大力倡导使用清洁能源等。京津冀区域在协调发展时，应建立基础设施协同机构，统一合理地对城市群内的基础设施进行协调建设。

例如：建立统一的医疗保障体系，使发达的医学技术应用于整个区域；建立一体化的供水、供电、能源供应体系，改善京津冀城市群内供给不协调的状况，既解决了资源供给中因行政界线的差异出现的问题，又避免了基础设施的重复建设，提高了基础设施的使用效率，使城市群内各市在协调发展中都能得到群体效益的优势。现阶段河北省各市的基础设施建设还很薄弱，还未能达到与北京、天津协调发展的要求，所以河北省的各市应该加强基础设施建设，为承接核心城市的产业转移、资源要素外溢做好准备；当核心城市将资源要素、产业向河北省转移时，能在第一时间进行对接，以最快速度融入与核心城市的协调发展当中。

六、构建宜居的生态环境

坚持生态与经济双赢的发展思路，积极改变原有的以牺牲环境为代价的落后的经济发展方式，在坚持走可持续发展道路的基础上，实现经济增长与环境保护的有机结合。在加快经济发展的同时，要加大环境保护的力度。京津冀区域协调发展应重点加强对资源环境的保护力度，为区域的发展营造一个适宜、绿色的空间。京津冀区域的生态环境建设也得到了国家的高度关注，是国家环境保护的重点区域。2012 年，环保部颁发的第 11 号文件《关于实施〈环境空气质量标准〉（GB3095—2012）的通知》中也明确将京津冀区域列为 PM2.5 细微颗粒物监测的首批地区。京津冀三地应加强在环保技术研究和环境治理等方面的合作，制定统一的规划。比如，针对京津地区频繁出现的沙尘暴问题，应做好张家口等西北地区的生态环境保护工作，这需要京津冀三地区的共同合作与政策支持。此外，政府部门还要协调建立环境保护的补偿机制，加大对生态恶化地区的财政支持，共同努力，为京津冀地区经济发展创造共同的良好的生态环境，积极促进京津冀地区经济健康、可持续发展。

京津冀区域在治理环境污染时，要广泛开展合作，建立联动机制，共同对城市群内的污染状况进行监管；要以区域水环境治理为重点，开展京津冀区域一体化的污染治理和生态建设规划工作，为整个区域经济社会的整合提供相应的自然环境支撑。要下大力量治理水资源污染问题，坚决保护区域赖以生存的生命线；要加强水资源的循环利用，提高水资源的利用率；保护耕地，使耕地不受污染，保证城市群内的粮食供给；严肃整治区域内的污染企业，建立废气、废水、废渣处理设施，避免废气、废水、废渣对环境产生直接污染；广泛开展植树造林活动，扩大城市群内的森林覆盖率，构建京津冀区域的天然氧吧。此外，各城市要加大对城市垃圾的处理力度，做到无害化处理，提高污染处理能力和处理技术，使"三废"综合利用产品产值增加，扩大"三废"的再利用率。在城市群内大力推行绿色生产，将对生态环境的污染降到最低。在生产中，提倡运用清洁能源，以减少资源的消耗。

1. 建设生态屏障

京津冀区域的北部与西部山区是整个地区的主要生态节点与生物多样性园区，共同构成了整个地区的生态安全屏障。由此向山前地带的延伸，构成了山前地区城镇周围生态条件的直接保证，受人为影响较大，必须采取措施，尽可能避免城市无序扩张造成这些地带的相互割裂。要保护好平原中部与滨海地区构成的生态组团，加强这些地区的绿色空间建设，守住生态屏障。

2. 建立生态功能分区，解决好不同分区的生态环境问题

在生态功能分区上，京津冀区域包括高原与平原、内流区与外流区、半干旱草原与半湿润林地、牧区与农区等自然地理类型，形成了许多不同特色的生态系统类型。根据区域空间分布特点和城乡功能、生态环境所存在的问题和建设主攻方向，京津冀区域的生态环境建设划分为14个类型区域。要把握不同生态功能，分区制定科学合理的生态环境保护政策，因地制宜地解决各自的生态环境问题。

3. 加强区域内部的综合整治，建立稳定的生态网络

燕山和太行山区是京津冀北地区的重要生态服务功能提供者和生态屏障，

对整个京津冀北部地区的城乡发展方向和发展规模有决定性作用。因此，应该加强燕山和太行山的生态环境保护和建设，保护水源、防治水土流失、减轻人口压力、恢复植被、减少污染，特别是水源污染。建立以流域内主要河流、区域内主要道路为骨架的平原地区绿色走廊体系，加强小流域治理，建立以主要河流和铁路为干线的绿化带，推广农田防护林建设和村镇绿化、道路绿化，将农业、林业发展和区域景观建设相结合，在城市外围地带规划建设大面积的环城绿色屏障。

4. 搞好水土保持，实现区域水资源可持续利用

水土保持生态系统建设要把增加、保护和合理利用水资源作为主要内容，是水资源可持续利用的一项重要基础工程。鉴于区域水资源严重紧缺的状况，要实现水资源可持续利用，在水土生态系统建设方面，要加大水土流失的治理力度，遏制承德等水源地生态恶化的趋势。通过水土保持综合治理，在正常降雨量条件下，稳定北京、天津等大城市的水库蓄水量。同时，重视水环境的生态平衡，严禁超采地下水。

七、建立分工合理的城镇体系

目前，京津冀区域除了核心城市外，城镇化水平比较低，尚未形成大中小城市相结合、空间布局与功能结构合理的体系。在未来的发展过程中，必须注意：1. 京津两个特大城市与环京津地区的城镇要协调发展，在地域上逐步形成一个功能互补的城镇群体，改变各自为政的分散状态。应形成以京津为核心，以京津大都市轴为增长极，五个港口（天津、秦皇岛、京唐、曹妃甸、黄骅）为主要出海口，两条城市带（京保、京唐秦）为骨架，一条沿海产业带为增长点，大中小城镇相结合，多层次的开放型城镇体系。2. 要充分体现服务全国的首都地区功能，京津等区域性中心城市要着力调整优化产业结构，以高新技术产业为重点，加快发展符合中心城市功能定位的产业，重点充实面向区域的金融、信息、贸易、科技、教育、文化、滨海港口等方面的服务功能。要按辐射区域进行统筹规划，协调卫星城和地区新城的建设和

发展。3. 结合核心城市职能和空间的疏解，积极促进京津周边区位与基础较好、有发展潜力的小城镇向中小城市过渡；有选择地将基础条件好、发展潜力大、具备条件的中小城市，进一步进行规划建设，力求完善，把功能单一的中小城市发展成为综合性城市，强化优势，突出特色，提高在区域领域中的竞争力。4. 增强地区可持续发展能力，促进城镇化与资源、环境、文化遗产和生态保护的协调发展。要引导城市发展具有互相匹配的规模，形成多中心、多层次的城市等级体系。京津冀作为大都市区发展，其中大都市区的核心城市区是京津大都市，总人口规模可以发展到3000万左右；区域中心城市是石家庄、唐山和邯郸大都市，人口规模都可以发展到200万以上；地区中心城市包括保定、秦皇岛、廊坊、沧州、张家口等，人口规模可以发展到100万左右。

（一）核心城市

北京市。城市定位是：首都——政治、文化、行政中心，国际交流中心；世界城市——世界级经济中心，世界级大都市地区的核心城市；文化名城——中国气质的东方文化魅力之都；宜居城市——充分的创业、就业机会，健康、舒适的居住环境。北京的城市功能应当包括国际金融、国际商贸、国际交通枢纽、区域性居住、教育科技研发中心、专业化服务中心、区域产业中心（制造业）、区域性的物流中心、主题性旅游；同时还是国家政治与行政、国际交往、文化与传媒中心。

天津市。根据城市总体规划，天津是环渤海地区的经济中心，要努力建设成为国际港口城市、我国北方的经济中心和生态城市，现代制造和研发转化基地，我国北方国际航运中心和国际物流中心，以近代史迹为特点的国家历史文化名城。中心城区与滨海新区分工协作，各有侧重，共同承担城市的综合职能。中心城区是滨海新区的依托，是城市的行政文化中心、商贸服务中心，是反映中国近代史的历史文化城区，具有综合性服务职能。滨海新区是城市重点发展和建设地区，建设现代制造研发和转化基地、我国北方国际航运中心和国际物流中心，主要发展现代制造业和为实现新区定位服务的第三产业。

（二）区域中心城市

石家庄：石家庄是河北省省会，冀中南城市经济区的中心城市。要积极发展高新技术产业和服务业，建设成为有国际影响力的医药制造基地、我国重要的纺织基地、华北重要商埠和全国重要的交通枢纽。强化和完善中心城市的功能，进一步发挥全省政治、经济、文化、科教与信息中心的作用，提升在全国省会城市中的综合实力，带动冀中南区域的协调发展。2020 年将发展到 300 万人的规模。

唐山：唐山是河北环京津区域的省域中心城市，河北沿海经济中心和全国重要的能源、原材料生产基地。应积极为京津产业疏散创造条件，大力发展高新技术产业和第三产业，加快京唐港和曹妃甸港建设，推动京唐港城和南堡化工区建设进程，促进临港产业和沿海城镇发展，推动城市经济重心向沿海地区转移。

邯郸：邯郸是国家历史文化名城，冀晋鲁豫接壤地区中心城市。要加快传统产业改造步伐，促进产业结构升级，加快支柱产业规模化发展，积极开发境内旅游资源，使旅游业成为新的经济增长点；加强区域基础设施和社会服务设施建设，充分利用四省交界的地缘优势，以商务、劳务、技术、信息、金融市场的建设为龙头，发展面向冀晋鲁豫接壤地区的第三产业。

（三）地区中心城市

保定：保定是国家历史文化名城，环京津区域的重要组成部分。要发挥毗邻京津的优势，密切与京津的经济技术合作，积极参与京津的区域经济分工，以国家级高新技术园区为依托，加快自身产业结构的转化和优化，建设高新技术产业基地和教育产业基地。

秦皇岛：秦皇岛是我国著名的滨海旅游度假基地、国家历史文化名城、国家级能源输出港和北方地区重要的出海口岸。要充分发挥滨海旅游资源和港口优势，重点发展旅游业和新型临港工业，强化其在环渤海地区综合性港口城市及临海产业和加工制造业基地的地位，加快发展以机电一体化为重点的高新技术产业，逐步形成具有海洋经济特征的高新技术产业群，尽快提升在全国沿海城市中的综合实力位次。

廊坊：廊坊是京津腹地的重要区域中心城市。要充分利用区位优势，结合京津拓展空间的需求，大力发展高新技术产业、外向型工业以及教育、服务、商贸等第三产业。建成全省高新技术产业和教育产业基地，成为环京津城镇群核心地区最具活力的现代化园林城市。

沧州：沧州是河北省环渤海地区的中心城市。要充分利用黄骅港的优势和现有工业基础，积极建设以临港工业、海洋化工为主的沿海工业园区，推动城市向沿海地区发展。建设成为重要交通枢纽，工业、商贸共同发展的区域中心城市。

邢台：邢台是以机械、冶金、能源、纺织工业为主的区域中心城市。要继续完善城市功能，加快产业结构调整，壮大工业基础，发展特色产业。

衡水：衡水是冀东南区域性中心城市。要充分利用重要的交通枢纽优势和冀鲁边界地区的区位条件，加快城市经济发展，重点发展轻工食品、机械加工、高新技术产业及商贸服务业。

承德：承德是国家历史文化名城，具有一定国际影响的旅游城市。要重点做好世界历史文化遗产保护，加强京承秦旅游业的协作，推动旅游业的发展，形成京津后花园。

张家口：张家口是冀西北地区的中心城市、河北省西北部工业基地。要充分发挥连接京津、沟通晋蒙的桥梁作用，立足区位优势和资源优势，大力发展生态型旅游业，振兴工商业，进一步壮大城市经济实力，建设成为全省能源工业基地和物流产业发达的城市。

第三节　建立和谐的区域关系

未处理好北京与天津、天津与河北、北京与河北的关系是导致京津冀地区无法真正形成一体化发展格局的关键原因。京津冀协同发展，既是解决区域环境问题、推进区域和城乡统筹协调发展的战略需要，也是实现京津冀区域优势互补、打造以创新为特征的我国经济第三增长极和世界级区域的战略需要。推动京津冀协同发展，要加强顶层设计，抓住核心问题，统筹协调，积极创造条件。当务之急是要建立和完善自上而下、上下贯通、强有力的协同发展领导体制和工作机制，消除阻碍协同发展的软性制度约束，为要素流动扫清障碍，设立京津冀协同发展引导基金，有效引导市场主体的行为。

一、京津冀关系

在清朝时期，京津冀除皇城之外，曾经都属于直隶省。从天津来看，依托首都北京，依托直接腹地河北，依托海河水系与渤海湾，是天津这个城市产生、发展和繁荣的主要条件。京津冀现在虽分属三个行政区，但存在着非常密切的内在联系，互补性和依托性很强，在发展上属于一个经济区域，应该按照一个经济区域来进行统筹规划与布局。京津冀三地在产业上不可能完全没有重复，但不能每个产业都重复，特别是不能都在一个层次和水平上重复，造成很大浪费，必须有一个大的基本的分工与布局，做到扬长避短、发挥优势、高效发展。京津冀应加强区域信息、人才、技术的合作交流，实现资源的合理有效共享。京津冀三地应充分利用其在高等院校、科研所及科技产业园区云集等方面的绝对优势，吸引人才、留住人才；加强在信息、技术、教育、科技等多方面的合作交流，改善三地产业技术跨度大的不良现状，实现资源的合理共享，促进产、学、研的合作交流，探索产学研结合的新途径、新形式。

二、京津关系

京津组合可谓是独一无二的关系，一个是首都、一个是直辖市，两个特大城市仅相距 150 千米。天津向来是北京的门户，联系非常密切，合则互赢，争则互伤。历史上天津发展的每一步都与北京的发展密切相关。600 多年前天津设卫，到天津成为畿辅重镇和漕运中心，天津紧紧依托北京发展。20 世纪初期，是天津历史地位的辉煌时期，天津和北京形成了"经济中心+政治中心"的互补格局。新中国成立后，当我国推行重工业优先的道路时，天津和北京理想的分工格局被打破，天津的发展相对于北京也黯然失色。在计划经济时期，由于坚持消费型城市向生产型城市转变，北京开始走上工业化的道路，首钢、燕山石化等大型项目的建设将北京转换成为一个重工业主导的城市，由于北京的独特地位，北京的工业得到优先发展。1970 年，北京的工业比重高达 70%，而此时的天津偏离了国家的投资重点，寻求自我发展。应当说，在计划经济时期和改革开放初期这一段时间内，北京和天津发展更多的是一种发展同构的关系。本来是不同性质和功能而联系又非常密切的城市，但多年以来，京津两市产业发展布局越来越雷同，越来越重复。近些年虽有所调整，但进一步调整和协调的任务还很重。要按照中央对京津两市的定位精神，从现有产业的实际出发，继续进行结构调整，减少重复性，增强互补性。

改革开放初期，天津迎来了快速的发展，依托天津港，天津开始走向了港工联动带动经济发展的道路，工业发展的优势逐渐凸显出来。而这一时期，北京仍没有放弃工业化的道路，但是凭借天津港口的发展，京津的关系日趋紧密，天津的港口是北京消费和工业物资进出口的重要依托。而天津的真正机会来自于北京经济的成功转型，1982 年，北京总体规划重点强化了"全国的政治中心和文化中心"，不再提"经济中心"和"现代化工业基地"；1992年总体规划，首次提出国际城市的定位。由此，北京开始向着一个服务业主导的城市迈进，并开始着手进行大手笔的产业结构调整。从 1995 到 2005 年的十年时间内，伴随大量工业的外移，北京的服务业增加值上升了近 20 个百分点，北京成为全国唯一的三产比重超过 70％的特大城市，也成为我国服务业规模最大的城市。2003 年，北京总体规划鲜明地提出了"国家首都、国际城市、文化名城、宜居城市"的发展定位，朝向更高的发展目标迈进。中关村科技园、奥林匹克中心、金融街、CBD、北京经济技术开发区等发展重点都指向了构建更高技术、更强综合服务能力的国际化的北京。北京可以说是中国最大的信息源泉，无论是在金融、商务、科技、行政、管理，还是在文化上。正是这些信息的集聚，使得北京成为了总部经济最为发达的城市，而总部经济的集聚又不断强化信息的集聚，双向的效应不断强化。从金融指数上，相关研究表明，北京的金融指数一直领先于上海，在事实上成为了当之无愧的金融中心。❶ 北京国际化战略下的成功转型，使得京津的关系又恢复到一个理想的格局："信息中心+经济中心"，两者之间再次产生了巨大的互补性。而这种理想的分工无疑为天津的发展提供了重大的外部机遇，北京成为了天津发展重要的外部依托。当北京第二产业外移以后，信息和服务的外移将呈现加速的趋势，当这些外移点找到结合点之后，就会催生区域新的增长点。而不断发展的天津恰恰可以为两者的结合提供较好的平台。天津拥有国家综合配套改革实验区政策、不断壮大的经济实力、京津间不断缩小的时空距离、丰富的土地资本和人力资本等优势。可以预见，未来沿京津走廊这一发展带，两者将合作形成一个特大规模的城市带。这一城市带拥有北京和天津两个特大规模的直辖市作为支撑并各有优势，拥有密集的交通联系作为支撑，将成为京津冀和环渤海地区最为重要的城市带。

---

❶ 天津空间发展战略(2008—2020).

三、津冀关系

天津与河北在历史上有着密切的联系，天津曾两度成为河北的省会，天津港最早的开发引发了河北实现了较早的"农村工业"发展，但是两者之间的密切关系并没有使津冀同步发展，在天津一直稳步快速发展的过程中，河北的发展一直相对滞后，以至于河北与京津之间存在着巨大的落差。2008年，天津市人均地区生产总值达到 55473 元/人，而河北仅为 23239 元/人。在国家级贫困县中，河北有 39 个，形成了所谓的环北京贫困带。❶ 河北发展的滞后使其缺乏承接北京和天津辐射的能力，区域的产业分工和联系远远低于长三角和珠三角区域，这种状况制约着京津冀整体协同效应的发挥，影响了京津冀区域整体辐射带动能力的提升。

河北可以说是我国沿海省份中内陆化特征最为显著的地区。新的发展态势使河北的发展出现了重大转机，进入 21 世纪，河北提出了打造沿海经济强省的战略目标，发展格局由原来的"一线两厢"的平衡发展转向打造沿海经济隆起带的沿海优先战略，力图通过港口的发展带动经济增长。2008 年，河北省占全国人口 5.4%，GDP 占全国 5.3%，但进出口总额只占 1.5%。河北发展的滞后，直接制约了京津冀整体能力的发挥。而在长三角核心增长地域中，苏州、无锡、常熟和昆山的人均 GDP 都高于上海全市平均水平（分别是1.1、1.1、1.7 和 3 倍），和上海中心区水平接近。❷

首先，河北的战略重点选择在曹妃甸，利用建港条件最好的位置建设综合性的产业基地。其次，沧州黄骅港建设综合性港口和发展临港工业，并依托该港口建设渤海新区。曹妃甸示范区、南堡化工园区、京唐港开发区、黄骅港临港工业园、沧州化工园区等一系列临港产业基地的建设推动着河北经济迅速发展。河北的发展态势无疑将会深刻影响京津冀的区域发展格局，在京津二者分工明晰的态势下，河北这一发展决策将为实现更大的区域带动和

---

❶ 中华人民共和国国家统计局.中国统计年鉴(2009).中国统计出版社,2009(61).
❷ 中华人民共和国国家统计局.中国统计年鉴(2009).中国统计出版社,2009(61).

区域分工与协作创造有利条件。河北港口的建设拓展有利于加强京津冀对中西部地区的服务带动能力，而临港工业的发展将使区域的产业规模逐渐增强，产业链条逐渐完善。天津应该把握的是，在各自做大的发展机遇下，抢占高端的产业地位，逐步实现产业的升级，成为产业组织的运营平台，这样，京津冀三地才能构成一个完美的梯度互补和分工格局，整体上互促发展，形成整合环渤海地区辐射三北的增长极。

四、河北的区域策略

在京津冀区域合作中，河北应找准位置，寻求产业支撑点，抓住京津较强的经济辐射功能，加速自身产业的优化升级，改善与京津产业梯度大的不良现状，力争从被动的"服务京津"向主动的"接轨京津"转换。河北各地方政府应突破行政区划限制，改变目前产业发展各自为政的现状，致力于创造有利于产业集群形成和发展的经济环境，加强产业合作与交流，促进优势和特色产业链条体系的形成和完善。河北各城市应加强对城市的科学建设，少务虚，多务实，加大对城市基础设施的投入力度，鼓励多元投资主体以各种投资方式参与到基础设施建设中，加快城市基础设施建设的步伐，推动城市化的进程。应充分利用京津人才、技术、知识水平较高的优势，努力创造吸引人才、有利于人才发展的优越环境，不仅仅是从物质经济上给予高素质、高技术人才较优厚的待遇，还要给他们提供发展自身才能的平台和空间，以弥补河北创新人才少、能力弱等缺陷。积极引进京津冀高校、科研所的新技术、新专利、新研发，建立科技项目合作机制和成果转化平台，加速科研成果产业化，改善产业技术含量低、产品缺乏竞争力的现状，实现产品的多样化、分层化。

河北各产业应加快发展，尤其是对于已经形成产业集群的产业来说，应抓住京津冀战略合作发展的挑战和机遇，扩大发展规模，提升产业水平与质量；金融等行业应看准机会融入到产业集群的大环境之下，使产业集群优势充分地发挥出来，真正像长三角、珠三角地区那样对城市化的发展显现出强大的推动力。不仅要注重较为成熟的、有优势的产业集群，而且还应加大对那些还不够成熟、正在发展的产业集群的相关政策及服务等优惠待遇的幅度。积极培育具有自身特色的产业集群，借此形成强大的产业竞争力，这不仅有利于河北经济的发展，而且还会加快其城市化的发展速度，提高城市化的发展水平。

五、京津冀区域的合作策略

（一）实行互补与协调发展

现在京津冀区域的各大城市，越发展规模越大，由此产生了人口、交通、污染、就业等一系列社会难题，这种趋势还在继续迅速发展。一个大城市不可能什么都发展，把城市规模搞得太大，城市无限膨胀，形成恶性循环。大城市需要按科学发展观和构建和谐社会重大战略思想的要求，调整发展思路，突出发展重点，提高发展水平。不必与区域内和区域外的城市比规模，重要的是在这个区域突出自己的特点，扩大自己的优势，提高自己的水平，形成互补，共同发展。河北具备辽阔的区域发展空间，发展潜力很大。京津两市要充分利用河北的发展空间和资源条件。要通过京津发展使河北发展更快，也只有河北这个直接腹地发展得更快、更好，才能形成更大的需求和动力，形成更大的人流、物流、资金流，推进京津更好地发展。

京津冀在各方面合作发展的潜力很大。每个地区都要以优势产业和优势产品为龙头，大力加强与其他两地的联合与合作。比如在旅游方面，河北提出了《环京津休闲旅游产业带发展规划》，依托海洋、避暑、草原、温泉、狩猎等8个旅游特色资源，加快旅游业发展。❶ 京津冀旅游业应该连为一体，实现无障碍旅游。要积极构建跨地区的企业集团与实体，加强资源、科技、人才、市场等方面的共建共享，打造区域一体化的骨干支撑力量，形成在全

---

❶ 吴敬华. 把京津冀一体化发展作为一个重大战略[J]. 城市,2009(12).

国最强的区域软实力，提高京津冀整体环境质量和可持续发展能力。

（二） 形成布局合理的京津冀区域

对于城市发展，现在三地都有自己的规划。天津提出双城双港，相向拓展，一轴两带，南北生态。北京要在今后 5 年，建成首都功能核心区、城市功能拓展区、城市发展新区和生态涵养区。在朝阳、海淀和通州再建 12 平方公里的金融服务区。西部金融城还要跨过西二环向西三环发展，要发展中央休闲区。北部结合奥运新城继续发展。东南在顺义、通州和亦庄建 50 平方公里的三个新城。河北的 13 个城市各有发展规划，特别是在重点打造曹妃甸新城和渤海新区。曹妃甸要建设 150 平方公里的滨海新城，渤海新区要建河北的第二增长极。在这个地区，需要把各自的规划整合为统一的规划，按照科学发展观与构建社会主义和谐社会的理论，从空间上统筹规划，合理布局，形成有分工、有特色、有优势、有品位的区域体，建成科学发展观的示范区、先行区、生态区。

（三） 形成合理的合作机制和利益协调机制

要随着社会主义市场经济体制的逐步健全，充分发挥市场配置资源的基础作用，淡化行政隶属关系。要研究制定生产要素合理流动的市场规则，促进资源、资本、技术、信息、人力的优化组合。要消除市场壁垒和市场障碍，培育统一、开放、有序的市场体系。积极发展面向整个京津冀的各类中介机构，增强区域经济活力。按照经济技术文化的内在联系，建立若干跨京津冀的企业集团和事业集团。要通过多方面、多渠道的交流与合作，在京津冀形成密切的经济、技术、文化联系。

除了充分发挥市场配置资源的基础作用之外，还要注意发挥行政的指导、协调与推进作用。在环渤海形成一个以环渤海经济联合市长联席会议为主的协调组织，还有各个方面的协调组织。京津冀之间，应该由三地政府和有关部门参加，建立更为综合、紧密的合作与协调组织。同时建立多种不同层次、不同性质的协调机制，形成多元化、多层次的区域合作机制体系。要通过深化改革，研究一套新的政策和措施，按照互惠互利原则，协调三地利益关系。要通过建立一种利益调节机制，引导、协调和约束三地，向着合理、协调和一体化方向发展。

第四节　京津冀区域协同发展的战略

一、京津冀三地的合理定位

合理的定位是京津冀三地一体化进程顺利实施的基础。京津冀三地通过政府间的协商，根据比较优势制定错位发展的战略，避免重复建设、恶性竞争、浪费资源的现象。例如，北京和天津是本地区经济发展中的两个发动机，如果没有合理的定位，二者就会造成 1 加 1 小于 2 甚至小于 1 的现象，通过合理定位才能真正发挥北京和天津的核心作用。根据比较优势，北京的定位是首都、文化中心、国际化大都市，天津的定位是北方的经济中心和港口航运中心，河北是北京和天津的粮食、蔬菜和副食基地，应扬长避短与京津形成互补发展，着重发展钢铁、制造业、服务业和物流业，通过分工合作、错位发展，使京津冀形成分工合理、合作共赢的一个区域。

（一）打造京津冀区域龙头

有学者认为，大区域的活跃与世界级竞争力的形成，关键在于是否有世界级的超级城市作为龙头或内核。北京和天津虽为"双核"，但是这"双核"的 GDP 值总量偏低，还称不上世界级，所以只有"双核"联手，共筹共建京津冀区域，才能争取尽早进入世界竞争的行列。京津冀区域发展的滞后已经影响到整个国家经济的竞争力，迫切需要整合，形成具有国际竞争力的空间，形成有利于大区域形成的社会协调机制。

（二）发展滨海新区，打造中国经济增长第三极

党中央、国务院一直高度重视天津特别是滨海新区的开发和建设，2005年6月，温家宝同志在天津视察时指出，加快天津滨海新区开发开放是环渤海区域及全国发展战略布局中重要的一步棋，走好这步棋，不仅对天津的长远发展具有重大意义，而且对于促进区域经济发展、实现全国总体发展战略部署、实现全面建设小康社会和现代化宏伟目标，都具有重大意义。他要求天津抓住机遇，发挥比较优势，把滨海新区建设成依托京津冀，服务环渤海，辐射"三北"，面向东北亚的现代化新区。滨海新区具有优良的港口、机场、保税区和全国综合实力最强的国家级经济技术开发区，现在已经成为环渤海地区经济新的增长极，根据国家整体战略部署，拟规划建设成为中国经济增长第三极。滨海新区在承接日韩产业转移和北京的产业转移方面已经初见成效，现代制造和研发转化基地初步形成。同时还将着力构筑高层次产业结构，加快建设现代化制造业和研发转化基地，重点发展高新技术产业，大力发展金融、物流、中介服务和旅游等现代服务业。发展滨海新区，加快基础设施建设是前提和关键，天津将充分发挥区位优势，加快海港、空港、铁路和公路建设。滨海新区规划定位为京津冀区域经济发展的龙头，作为京津冀区域对外开放的门户，以构建现代化大交通体系为突破口，将建成北方国际航运中心和国际物流中心。

二、合理的产业分工

根据京津冀三地的合理定位进行合理的分工合作，制定出区域经济的发展战略，形成完整的研发—制造—加工的经济链条，加速经济的发展。北京应利用其众多的高校、科研院所和人才优势，大力发展高新技术产业、文化产业、服务业等，并加速产品的研发，成为京津冀区域经济的研发中心。天津则利用现有的产业优势，大力发展电子信息产业、制造业、石化产业等，成为京津冀区域经济的制造中心。而河北应发挥其资源和劳动力丰富的优势，

大力发展钢铁、能源、石化等产业，承接京津的产业转化，以制造加工业为重点，大力发展相关产业使之成为本地区的加工基地，在原有的农副产品生产的基础上，建立并完善一批具有一定特色的生产基地。

产业集聚与产业带的形成是区域核心竞争力的基础。目前，京津冀区域并没有形成能够凝聚本地区大中小各类城市具有竞争力的产业带。形成产业带的基础是专业化分工。目前这个地区没有形成专业化分工的原因主要有两个：一是群龙无首。虽然北京和天津都想成为龙头，但是都不具有龙头式的企业或行业，经济辐射力不强。"双核"之间又存在着强烈的竞争动机，互补合作的动力不足。这状况如不彻底改变，就很难形成核心城市，也无法带动这一地区的区域发展。二是在核心城市缺失的情况下，虽然京津冀区域的诸多城市都处于城市开发的热潮中，但是都还没有从区域经济、区域角度去规划和审视，仍盲目地以重化工和能源为主，形成结构雷同，相互之间进行低水平的恶性竞争。这种内耗式的开发，造成了资源的极大浪费。这两大问题是京津冀区域成长不起来的关键。而解决这两大问题的途径，是京津冀主动打破行政区划的界限，合作共赢，把单打独斗变为京津冀区域真正的合作。长三角地区和珠三角地区已经冲破行政区划，打造跨区域经济带，撑起"中国制造"的半壁江山，京津冀应该努力赶超。

三、弱化行政区划，强化市场功能

在阻碍区域形成的因素中，行政区划已经成了各界具有广泛共识的最重要因素。我国各级行政区划划分严格，行政管理以行政区划为限，地区经济具有十分强烈的地域属性，已经成了一种定式。政府对区划内的经济活动干预过多、过大。由于京津冀区域国有经济比重大，从而难以降低行政对经济的干预程度。从地方政府的经济利益考虑，以财权为中心的各自为政自有道理。区域要求区域各城市的功能科学地分工，在分工基础上形成紧密的协作。这些分工与协作并不以地域属性为界。这就要求打破这种长期形成的以行政区划为资源配置界限的体制，在区域的建设中大胆探索引入、培育区域合作机制。既要考虑市场运作机制，也要考虑非市场运作机制。这对我国现行的行政体制将是一次大的考验，也是对市场功能的强化。面对挑战，只有顺势而动者，才能在改革中成为世界级的竞争参与者。

京津冀各地应打破地区经济封锁，突破行政区划限制，建立区域协调机制，把区域规划和城市规划结合起来，促进各种生产要素向优势企业、优势地区集聚；同时应推进京津冀三地政府的沟通与合作，在制定产业发展规划时，尽量避免京津冀三地的产业同构和重复建设现象，力促各地相关产业的合作交流，在竞争中求生存、求发展，优化京津冀产业布局。三地建立并完善一套有效的协商合作机制。京津冀三地的行政划分不同，这对区域经济一体化的发展有重大影响，有学者提出把京津冀合并建立大的首都区域，这样可以解决三地在一体化进程中的行政壁垒，但很难实际操作，因此，京津冀三地合并不是解决问题的最佳渠道。对京津冀地区来说，目前最重要的是建立一个相对稳定、完善的政府协商合作机制。京津冀区域政府协商合作机制通过政府之间迅速有效的沟通协商，寻求各方的共同利益，扩大共识化解矛盾和利益冲突，制定相关措施积极引导三地开展多方面的合作。在协商的基础上通过改善区域间政府的政策和服务，加快三地的市场化进程，减少重复建设，形成合理有效的产业分工和布局，使京津冀三地的经济关联紧密，互相促进，不断提高整个区域的经济活力，使京津冀一体化的进程持续加速发展。

四、协同发展的组织保障

中国人民大学孙久文教授建议在京津冀三地之上建立一个机构，对共同事宜进行统一调度和规划，并赋予其行政管理权。❶ 北京市社会科学院赵弘建议成立京津冀协同发展委员会，这一机构可以和首都的机构组合在一起，

---

❶ 孙久文. 北京参与京津冀区域合作的主要途径探索[J]. 河北工业大学学报（社会科学版），2013（1）.

由国家主席习近平兼任委员会主任，以协调中央军委、国务院单位以及京津冀三地，利用新权威主义化解京津冀发展难协同之顽疾。还建议河北在省级层面建立统筹机制，变各市县与北京分头对接为统筹对接。❶ 首都经济贸易大学教授祝尔娟强调建立横向与纵向相结合的协调机制。❷

---

❶ "京津冀协同发展：机遇与路径学术研讨会"综述．
❷ 祝尔娟．"十二五"时期京津冀发展研究（2009）［M］．北京：中国经济出版社，2010．

第六章　推进京津冀区域发展的对策建议

第一节　市场机制与政府协调相配合

京津冀区域应依靠市场自发调节促进产业合理分工，充分利用北京的研发、营销、管理优势，天津的先进制造能力，河北的资源优势和基础制造能力打造产业链。以加速发展冶金、化工、新能源、新材料、电子信息、生物医药、现代农业和现代服务业为重点。以地缘特征、劳动分工、产业结构和人口分布、城市职能等为基础，综合考虑当前城市发展情况。如京津廊三市应发展新能源产业、新材料产业、电子信息产业、现代服务业。津唐沧三市应发展冶金产业、化工产业兼顾海洋资源开发。京张承三市应发展现代农业、旅游业兼生态保护。石衡保沧应发展装备制造、生物医药和纺织等传统优势产业。秦皇岛依托京津冀谋求加入旅游业、沿海工业集群。邯郸加强与京津唐合作并谋求加入钢铁业、黑色金属冶炼及压延加工业、建筑卫生陶瓷制造业、纺织业、专用车制造业等。邢台在发展玻璃、羊绒、皮革特色产业的同时谋求融入京津冀城市合作分工。

当前，京津冀发展要不断强化地方政府，特别是基层政府的合作意识，将集群发展效果作为政绩考核重要标准之一。组建国家级机构牵头的跨城市公共管理机构，建立相应管理机制和实施细则、信息共享平台。充分发挥民间组织作用，共同促进城市集群发展所需的《政府间合作法》等法律的早日制定和实施。建立统一的金融、土地、税收支持体系。京津要利用自身经济、技术支持张承生态保护和区域非常规水源的开发利用。合理控制大城市规模，发展中等城市，合力消除环京津贫困带。改革户籍制度，推进京津冀城市公共服务一体化，促进人口科学流动。坚持淡化行政区划影响，迅速引导北京工作人口到周边地区工作、居住，劳动力向中小城市聚集。建设交通信息共享平台，优化高速公路收费方式，推进京津冀各城市间、河北各城市间高速铁路建设。科学进行机场、港口的分工协作，加强无水港建设。加速建设沿海公路、铁路和机场，加强各种交通运输方式的有效衔接，优化城市间的公共交通。

一、促进市场化进程

（一）推进政府改革，促进市场化进程

要打破地区封锁、城乡分割的经济格局，优化京津冀区域一体化的市场环境，实现要素和产品市场一体化。政府改革是个长期任务，长期目标使政府有别于民间经济活动。必须按照世贸组织行为准则转变政府行为方式。就当前来说，推进政府改革首先要积极开展入世行动对策研究。世贸组织原则必须执行，我国政府的承诺必须实施，这就要求三地都要熟悉我国政府签署的入世文件精神和具体条文。就当前来说，三地既要有一个总体的行动纲领，同时也要分解我国政府入世承诺，有具体分工的行动计划。在实施和执行的层面，既要遵守世贸组织的基本原则和具体条文，遵守我国政府的承诺；也要善于为我所用，在世贸组织的框架内采取灵活的方式方法，实现三地入世利益的最大化。其次要积极实施从细节入手的全方位的改革。按照世贸组织规则、条文和我国政府的承诺，对改革提出具体的、细化的要求，做到有章可循，依法办事。这就必须对规则、程序具体化、本地化，积极推进技术化改革。

随着科技的发展，对政府改革提出了技术化的要求，如实行网上并联审批，再如信息的多渠道、多种介质传递，各种信息、数据的自动化处理等，

都是技术化改革。这一方面需要技术支持，但也需要增强技术化意识。京津冀区域的市场体系建设也正在稳步推进之中。京津冀三地政府要加快达成一致性的市场准入、鼓励竞争的政策。让企业自己来决定自己的事，政府不应干预过多，形成一个政策无差别的地区环境。树立加快经济发展方式转变和区域整体发展的意识，各个地方政府应建立整体发展意识，从整体利益和长远利益出发，逐步消除地方经济壁垒，积极努力地寻求建立区域统一大市场，以促进城市间资金、技术、人才等生产要素的自由流动，实现人才、技术、资金等资源的共享，提高资源利用效率，实现资源的优化配置和经济发展方式的转变。此外，政府还要积极转变自身职能，为加快经济发展方式的转变和区域经济的协调发展做好服务工作。积极促进京津冀区域产业结构的调整和合作互补。通过对区域内各个城市产业部门的优化、重组，加强产业间的横向与纵向联系，增强区域间产业的互补性，逐步建立以京津为核心，以周边地区产业为依托的分工合理、协调互补的产业结构。此外，各地区还要积极调整产业结构，促进产业结构优化升级，努力实现经济发展方式由粗放型向集约型的转变，实现城市之间的优势互补和平等合作。

（二）打破行政界线阻碍，制定区域整体发展规划

在加快经济发展方式转变这一新背景下，京津冀区域的经济合作应先建立跨行政区域的协调领导机构，立足于整个地区，做好各个城市之间的分工规划，从整体上整合区域内的经济资源，并统筹解决京津冀地区资源开采、基础设施建设、重大产业布局、城市规划等经济发展的长期规划问题。

立足于区域的比较优势，合理配置资源，提高资源利用效率和经济增长的质量。在经济发展的过程中，要充分依据京津冀城市功能的定位和各地区的要素禀赋优势，积极促进京津冀地区经济的协调发展。如京津地区可着力发展现代服务业、物流产业和高科技产业，而河北地区在保持原有的农副产业和重工业优势的同时，应努力成为京津地区高科技产品配套基地和工业转移基地。

（三）实现区域市场一体化

实现京津冀区域市场一体化，要开展八个方面工作。一是促进消费品市场一体化的建立。发挥北京、天津市场消费大、商业发达的优势，以北京商贸业为龙头，联合各城市商贸企业，组建跨地区的集总经销、总代理和展示、批发、零售为一体的综合商贸集团，借助于这类集团的力量，推进商贸流通的一体化。消除条块分割的体制障碍，发展现代流通业。二是促进资本市场一体化的建立。除了政府方面要放宽准入限制、提供全方位的优质服务外，还要求作为投资主体的企业具有较强的资金运筹、投资决策和经营管理能力，这样才能提高区域一体化水平。这就需要我们发展区域性的、多层次的资本市场，要组建以金融资本为核心或参与其间的大型企业集团，开展跨区域、跨行业的投资经营活动。三是促进技术市场一体化的建立。推动高等院校、科研单位科研的产业化、市场化，把北京作为中心，建立技术与科研开发的协作网络和技术信息交易网络。四是促进劳动力市场一体化的建立。要逐步实现京津冀区域城市间人才市场的相互开放，尤其在大城市间，减少地方保护，建立区域统一的人才和劳动力市场。五是促进统一的产权市场的建立。把京津冀地区的产权交易市场扩大为区域市场，与其他地区的产权交易市场实现垂直关系，要扩大交易范围，统一交易规定，同时发展跨区域的产权交易中介服务。六是促进统一的区域旅游市场的建立。京津冀城市要整合旅游产品和旅游资源，树立对外京津冀区域旅游的整体形象，共同组织国内外的旅游客源，推动地区旅游业整体发展。七是促进统一的企业和市场的信息系统的建立。创造市场一体化的条件，规范和发展要素市场。以京津为中心，培育地方资本市场，培育各类证券中介机构和风险投资机构。八是规范市场秩序，强化市场管理。划分好职权，重组好监管体系。消除市场流通障碍，形成公平公正的市场竞争环境。

（四）加快国有经济的调整

到目前为止，国有经济在京津冀地区仍占有相当比重，适时加快调整该地区的经济布局已经成为京津冀区域建设中的一个重要课题，特别是当前全国范围内为应对金融危机采取"保增长、扩内需、调结构"战略的有利条件，更为调整经济布局提供了良好的契机。京津冀地区的经济发展需要根据国家中长期战略，有计划、有步骤地从总量上实现国有经济战线收缩，抓难点、保重点。充分借鉴先进地区的经验，实现企业股权结构的改善和调整，对于国有经济体制下不适应当前国内外经济发展需要的一部分企业进行改制和转型。同时，国有经济布局调整将是一个动态过程，在经济发展的不同阶段，国有经济在不同产业的比重将会随时变化，其布局也要随时相应调整。

（五）提高市场开放度，优势互补，共赢发展

应充分借鉴国内外区域发展的优秀经验做法，按照优势互补、整体协调、合理分工与协同共进的原则，逐步建立起对外开放的区域性统一大市场，进一步促进区域内的产业结构向合理化和集成化发展。京津两大中心城市在地理位置上紧邻，应充分发挥辐射功能，形成龙头，共同向腹地辐射，实现区域一体化发展。按照国家产业布局，根据区域内优势互补、合理分工的原则，既要考虑国家和地区经济长远发展的需要，又要发挥区域内各地的资源优势，还要考虑国际产业传递的需要，研究确定京津冀区域的产业发展规划，形成合理分工、协调发展、专业化和现代化的区域产业体系。围绕京津冀地区各具优势的产业，在构建功能区和调整产业结构方面，要进一步整合优势产业，优化产业结构、延长产业链条、完善配套功能、提高产业间的互补性，提高区域产业聚集的空间性、外部性和规模性，形成以高新产业为主导、以先进制造业为支撑、以现代服务业为保障的区域经济新格局，增强京津冀区域的吸引力和辐射力。

核心城市和次中心城市要营造规范、开放的市场环境，同时为企业提供好的技术开发和营销条件，使在非中心城市和农村的企业实现生产和营销、技术开发相分离，将企业的枢纽和核心进入中心或次中心城市，以充分利用中心城市的综合功能。京津核心城市要进一步优化环境、完善政策，强化对

外来企业在营销、融资和技术开发等方面的支持。还要制定有利于本地企业向外扩展的政策，扩大生产能力向区域内外转移，增强在京津冀区域产业一体化整合中的地位和京津的辐射能力。

二、促进城市化发展

（一）改善城市环境，解决民生问题

三地应加强对环境问题的关注，防止污染情况恶化。应将防污治污与产业升级和合理布局结合起来。通过发展低碳经济、循环经济，提高排放标准，促进节能减排，从根本上控制污染。依据资源环境承载力的差别，在区域内部统筹规划产业布局，实现经济与生态的双赢。对生态环境脆弱、污染问题突出地区建立完善补偿机制和加强对治污工作的财政投入。

对于环京津贫困带问题，政府应出台详细的规划，从产业、生态、社会保障、财政政策等方面，全面、可持续地解决当地的贫困问题。提高当地的劳动力素质、加强职业技能培训，鼓励外出务工，促进劳动力的转移，使贫困人口获得切实的谋生技能，不必在当地靠天吃饭。大力发展生态经济，国家或受益地区对其进行经济补偿和支持，可以综合运用金融工具、财政政策、技术项目支持等方式，构建完备的补偿、保障机制，让当地居民共享区域经济发展的成果。

对于区域内存在的一些民生问题，如最近比较突出的住房问题，政府应继续落实保障房政策，让百姓住有所居。在社会公共服务和社会保障方面，取消或降低户籍门槛，让三地之间流动人口的工作生活无后顾之忧。区域经济发展应当是可持续的，应当站在更高、更长远的角度来看待经济社会的发展，促进京津冀地区的可持续发展，实现又好又快的区域经济发展。

（二）加快与城市化相关的配套措施改革

1. 放松户口管制，改革户籍管理制度。随着改革开放的深入和市场经济

体制的建立，现行的户籍管理制度已不能完全适应形势发展的要求，成为当前制约农村经济全面发展的瓶颈因素。改革户籍管理制度，在需要加快城市化步伐的地区放松户籍管制，不仅有利于转换和软化稳定的城乡社会结构，集约使用土地，调整农村产业结构，发展集约农业、生态农业，建立适度规模化的以机械化和商品化为标志的现代农业，缩小城乡差别；而且有利于转移农村剩余劳动力，引导农民进入城镇投资办厂、务工经商，依靠农民的力量推动城镇发展，推进城市化发展进程。

2. 调整市区土地税费和产业政策，鼓励企事业单位和学校、医院外迁。政府应给予外迁者一定的税收优惠或补贴。通过降低城市近郊区土地出让金，适当调高繁华城区土地出让金，鼓励房地产开发商和投资者向郊区开发、发展。新建综合机构设施和小区要多安排在郊区，力争使卫星城实现自我循环的封闭式管理，从而减轻对中心城区交通的压力。大力发展信息通讯产业，引导发展计算机网络和信息高速公路技术，为提高居家办公能力、减少出行创造条件。

（三）完善城市基础设施建设，强化城际间的交通网络

要增强城镇综合承载能力，坚持以人为本、生态环保、节地节能、突出特色、保护文化和自然遗产的原则，科学编制城市规划，制定完善的城镇建设标准，强化规划约束力。预防和治理城市病，合理确定城市开发边界，规范新城区建设，适度提高建成区的人口密度，调整优化建设用地结构，防止大城市面积过度扩张。统筹地上地下市政公用设施建设，全面提升基础设施建设服务水平，增强公共防灾能力。扩大城市绿化面积和公共活动空间，加快面向大众的城镇公共文化、体育设施建设。注重文化保护与传承，改善城市人文环境。推动建设数字城市，提高信息化和精细化管理服务水平。同时，要深化城市建设投融资体制改革，保障我国城市建设的中长期信贷资金需求，逐步放开大多数城市基础设施服务的价格，建立由城市公共基础设施主管部门和居民共同参加的价格协调机制，并允许有条件地打破垄断，允许社会资

金进入城市公共基础设施领域，按市场规律推进城市化健康、快速发展。同时，城市建设中一定要防止出现单纯以地生财的政府被动投入格局，既要充分利用好稀缺的土地资源，完善土地使用权有偿转让、招标投标的拍卖机制，又要吸引社会资本参与基础设施建设，通过各种投融资模式组合创新，将那些可以通过市场机制调节的公共资源，按照谁受益、谁付费的原则交给市场投资、建设、管理，倡导建立公共资源有偿配置和使用机制。

继续加强基础设施建设，尤其在交通建设方面，要综合和运用先进的规划理念、能源技术，建立高效、清洁的交通体系；建立以北京为中心，不同圈层的多层次的轨道交通体系，并与其他交通方式衔接紧密，共同形成全方位、立体化、多层次、以轨道交通为骨干运输方式的客运交通体系，继续缩短区域内部的时间半径。区域内部应不断推进生活保障、社会服务方面的一体化，如推行社会医疗一体化、教育一体化等。强化京津冀区域之间的交通网络，迅速完善区域之间的交通功能。同时，推动要素资源沿这些交通网络便利而有效地流动起来，形成"点线布局"大中小城镇相结合的都市经济带。应该尽快形成以通勤铁路和高速铁路以及地铁为主的高速轨道交通体系。城际间的交通网络是形成区域的基本条件，京津冀城际间交通网络的完善与强化，成为京津冀经济迅速整合的加速点。随着京津城际高速铁路、京津塘高速公路复线等交通项目的相继开通，京津冀三地之间的通勤将更为便捷。

（四）加快与城市化相关的配套措施改革

北京应着眼于建设中国特色世界城市，立足促进首都产业升级和文化繁荣，着力推进文化创新，优化文化创意发展环境，推动文化创意产业发展水平和竞争力的进一步提升，把北京建设成为具有国际影响力的文化创新、运营、交易和体验中心。天津应推动文化产业成为支柱产业，加快建设国家动漫产业综合示范园、国家数字出版基地等重点文化项目，培育一批文化创意产业聚集区；促进文化与旅游、科技融合，发展新型文化业态；培育骨干文化企业和战略投资者，鼓励和引导民营经济进入，加大金融支持力度，发展文化产品和要素市场。河北应大力发展新闻出版、广播影视、演艺娱乐等重点产业,加快发展数字出版、移动多媒体、动漫游戏软件等新兴产业,建设一批国家级和省级文化产业园区,同时,要加强对文化产品生产的引导,推出一批文艺精品,打造一批燕赵文化知名品牌。

(五) 搞好城市发展规划,用法制保障城市建设

我国可利用的土地资源十分有限,只占世界总耕地的 6%,人均耕地面积仅略高于日本、埃及、印度尼西亚和朝鲜,居世界倒数第 5 位,却承载了世界近 1/4 的人口。长期以来,我国小城镇规划建设不合理,建成区不集中,建筑密度很低,交通和其他基础设施因居住分散增加投资成本,处理污水和固体垃圾也很困难,既没有体现城镇的聚集规模效益,又浪费了十分宝贵的土地资源,不利于我国持续发展战略的实施。各级政府应高度重视城镇的战略发展规划。大城市要走内涵城市化道路,注重增大经济存量,调整产业结构,完善基础设施,充分发挥辐射作用。中小城市则要在数量增加、规模升级的同时,注重结构调整,充分发挥其在城镇体系建设中承上启下的作用。小城镇则应将重点转到提高发展质量上来,尤其要重视基础设施建设,提高综合实力,并根据资源和环境优势,选择发展方向,突出城镇特色。

十几年来,我国各地城市建设的速度加快,带来了许多重大变化,由此也出现了很多问题。城市建设采用行政手段和政策措施固然必要,但从长远看,法制保障才是城市建设的根本保障。在推进京津冀城市建设的过程中,应将一些政策决定上升为法规,增强其稳定性和规范性,更加明确地体现社会意志并坚持落实执行,完善文化遗产法律体系,建立健全城市建设社会保障体系。城市建设必须依靠法制保障,才能更快更好地发展。

(六) 多元化的城市化发展模式

目前,我国城市化严重落后于工业化,京津冀区域除北京、天津等特大城市外,城市化水平都相当低,城市化应鼓励发展模式的多元化,坚持大、

中、小城市和农村小城镇等协调发展，坚持既重视大、中城市的扩充和发展，又注重小城镇的发展和开发。第一，要注重北京、天津、石家庄等大城市的发展。大城市的效益要好于中小城市，因为大城市聚集功能强、基础设施建设佳、吸收境外投资多、居民收入水平高、带动区域经济发展的功能强，因此应鼓励某些大城市适度超前发展，一些有条件的城市还要进一步建成国际化大都市。第二，要注重中小城镇的发展。没有中小城镇，大城市的经济社会发展辐射影响将不能有效传输，不能充分地促进周边区域的发展，同时大城市自身也会因没有中小城镇的支援而无法很好地发展；同时，缺乏中小城镇的桥梁作用，小城镇与大城市之间会出现两极分化现象，以致彼此无法交流，小城镇无法直接接受大城市的辐射，既不能向大城市提供高质量的服务，也使小城镇的发展受到限制。

三、建立多层次的区域发展协调机制

区域发展的协调机制主要有两种方式：一种是相对刚性的行政性协调机制，需要建立一个跨省市的行政机构，对京津冀区域的发展进行"硬约束"，从当前我国的实际情况来看，还不具备建立这种机制的条件。另一种是相对柔性的协商协调机制。通过"自主参与、集体协商、适度妥协、共同承诺"的方式，对京津冀区域的发展进行"软约束"，这是当前较为可行的方式。据此，按照区域协商的方式提出如下方面的战略举措：

（一）政府对资源的整合与协调作用

在推进京津冀区域的发展过程中，中央政府扮演着至关重要的角色，应组建由中央和三省市领导组成的京津冀区域推进领导小组，负责制定全区域发展战略和政策，协调解决基础设施建设、区域城市体系规划和生态环境一体化治理中的重大问题。确立三省市定期的主要领导联席会议制度，同时需要在更高层次领导小组的指导下，建立对京津冀区域发展有实质性推动作用的共同发展基金制度和投资管理机制，协调制定区域内各城市的产业政策、财政政策、货币政策等。通过建立区域协商制度，解决经济运行中生产要素的自由流动、生产中的合作互利问题、资源的共同开发等问题。

首先，中央政府要建立区域利益协调机制，利益是动力的来源，地方政府也需要利益的驱动，只有协调好各方的利益，寻求互利共赢的利益点，并找到实现的途径，各地方政府才能积极地进行合作。其次，政府还要协调好区域内部的财政政策、货币政策、产业政策等，改变京津的过度集聚的现状，增强扩散效应，并建立起区域统一市场体系，增强核心城市与腹地城市的经济联系，进一步推进区域经济一体化。最后，在基础建设、生态环境、自然资源等公共领域方面，必须要将整个区域统筹考虑，建立三方的协商共议机制。

（二） 实施合理分工、差别化管理的区域政策

要建立适应京津冀区域发展战略要求的法律法规和政策，完善利益补偿机制。由国家相关产业主管部门牵头，统一规划京津冀区域产业结构布局，实行不同区域差异化发展战略。京津两个特大城市及河北的中心城市要加大对重点生态功能区、农产品主产区的支持补偿力度，增强落后区域生态环境保护和基本公共服务能力，实行按领域安排与按主体功能区安排相结合的政府投资政策，按领域安排的投资要符合各区域的主体功能定位和发展方向，按主体功能区安排的投资主要用于支持重点生态功能区和农产品主产区的发展。同时，实行有差别化的土地管理政策，科学确定各类用地规模，严格管制土地用途。对不同功能区域实行不同的环境标准和污染物排放总量控制。

产业的分工合作可以依据传统的产业分工和新型产业分工，从部门间和部门内部两方面着手，在部门间形成互补，在部门内部形成产业链。传统的产业分工主要是部门间分工，要求部门专业化。北京除重点发展第三产业，以交通运输、金融、房地产和批发餐饮等为主外，还要发挥其拥有众多大学、科研机构、高端人才的优势，与高新技术产业园区、大型企业相结合，积极发展高新产业，以发展高端服务业为主，将低端制造业逐步转移到河北处于

工业化中期的地区。天津在原有加工制造业和港口优势的基础上，发展电子信息、新能源、环保设备、现代医药、现代商贸等现代服务业，并着力打造临港重工业。河北作为原料重化工、现代化农业基地以及重要的旅游休闲度假区，确保京津两地的"米袋子"和"菜篮子"的同时，还要做好京津高技术产业和先进制造业研发转化及加工配套基地。新型产业分工主要是部门内部分工，要求产品专业化和功能专业化。产品和功能差异化是未来区域合作的基础和利益的结合点。北京应当以其密集的高校、科研机构、高端人才资源为基础，成为区域的"智囊"，区域内现代制造业的研究开发中心、技术创新中心、营销中心及管理控制中心，占据产业链条的高端位置；天津拥有先进的制造技术和手段，完备的制造产业和制造业基础，为建设现代化制造基地和研发转化基地提供了得天独厚的条件，处于产业链条的中端位置；河北在区域中具有明显的低价商务成本优势、廉价劳动力优势和基础制造业优势，但产品大都属于资源型初级加工的低附加值产品，处于产业链和价值链的低端。京津冀三地若能发挥各自的比较优势，科学分工协作，形成合力，区域整体的产业、经济发展将不可估量。

（三）规划合理的产业协作模式

京津冀区域内部存在着产业结构趋同等问题，为了促进京津冀区域整体功能的全面发挥，应合理规划区域产业结构，摆脱行政区划对区域合作的影响，加快产业和地区分工，各展所长，错位发展，优化产业布局，提升区域整体竞争力。北京是我国的政治经济文化中心，应该加强商务、金融、信息、科技创新功能；天津应发挥其天然港口优势，要进一步增强生产和制造基地功能，发挥已有优势的通信产业；河北要加强发展生态农业、特色农业、出口型创汇农业，发展有比较优势的医药和纺织等行业；同时，现阶段特别要加强港口间的合理分工和物流发展的合理配置，经过明确的产业分工，达到资源的最优配置，从而推动京津冀区域的均衡协调发展。

目前，津冀区域内部各港口之间的竞争已日趋激烈，重复建设现象严重，因此，应明确津冀区域内部各港口的功能定位和分工，发挥各自优势，避免恶性竞争。另外，还可以在港口间建立竞争与合作的产业集群，以形成优势互补、竞争合作的良性发展态势。产业集群的发展可以推动区域的发展，反过来，区域的发展也可以进一步促进产业集群的形成，因此，应从产业集群与区域的互动关系出发，以区域为基础培育产业集群，并以优势产业提高区域经济实力；进一步发展物流、化工等优势产业，以其为基础建设一系列的产业集群和与其配套的产业链，使区域整体形成竞争实力强大的区域经济集团，进入国际分工合作体系，成为参与国际竞争的新地域单元。

全球化、信息化、资本的快速流动使得世界经济生产方式的特性，既强调跨越边界和区际差异，也强调控制与协调。区域一体化发展的进程加快，要求京津冀区域必须从经济社会的各个方面走向全面整合，继而形成与其他区域相抗衡的地位。因此，需要重视京津冀区域协作规划，从区域整体发展出发，制定科学、合理的规划，引导区域经济协调发展。建立健全规划编制实施的协调机制，发挥区域规划在国土空间开发方面的战略性、基础性和约束性作用。按照推进形成京津冀区域的要求，完善区域规划编制，做好各专项规划、重大项目布局与京津冀区域规划的协调衔接。推进各省市的市域空间规划工作，落实区域主体功能定位，明确各市县的空间结构布局。研究制定京津冀区域内各市县的开发强度、环境容量等约束性指标并分解落实。完善覆盖京津冀区域的国土空间动态监测管理系统，开展区域建设的跟踪评估。在强化对各类地区提供基本公共服务、增强可持续发展能力等方面评价基础上，按照不同区域的主体功能定位，实行各有侧重的规划实施绩效评价。

（四）建立区域性法律制度，实施区域内部互动发展战略

京津冀区域已经初步建立了高层协调机制，当前最重要的是进一步健全和完善高层协调机制，加强各层次之间的交流与合作，及时协商解决区域发展中的资源整合、规划布局和发展政策等重大问题，为要素的自由流通和各类经济主体的合作与竞争，提供良好的政策环境和发展条件。同时，要积极

推进政府、企业和民间的沟通，不断发展全方位、多层次的交流与合作。长三角区域、珠三角区域的合作行政首长联席会议秘书处工作制度、政府秘书长协调制度、部门衔接落实制度、日常工作办公室工作制度、行政首长联席会议制度等都是非常好的借鉴形式。另外，为确保区域政策的连续性与可预见性，要加快制定并完善区域法律制度。例如，建立促进京津冀区域经济发展的税收优惠政策、融资平台、管理权限等法律政策。

按照合理布局区域经济的要求，规范开发秩序，控制开发强度，形成高效、协调、可持续的国土空间开发格局。统筹谋划经济布局、人口分布，国土利用和城镇化格局。引导人口和经济向适宜开发的区域聚集，保护好生态发展空间，促进人口、经济与资源环境相协调。对开发强度偏高、人口密集、资源环境负荷过重的城市化地区要进行结构调整，优化开发。对资源环境承载能力较强、人口和经济条件较好的城市化地区要科学规划，进行重点开发。对以提供农产品为主体功能、具备较好的农业生产条件的农产品主产区，要重点保障农产品供给安全。对影响区域生态安全的重点生态功能区，要严格限制高强度、大规模的城镇化、工业化开发。对依法设立的各级各类自然文化资源保护区和其他特殊保护的区域应一律禁止开发。按照统筹规划、完善功能、合理布局、以大带小的原则，遵循城市发展规律，以中小城市为重点，以大城市为依托，逐步形成辐射作用强的区域，促进大中小城市和小城镇协调发展。借助国家"两横三纵"的城市化战略格局，在京津冀区域逐步打造更具有国际竞争力的区域，科学规划区域内各城市功能定位和产业布局，强化中小城市产业功能，增强小城镇公共服务和居住功能，缓解特大城市中心城区压力，推进大中小城市基础设施一体化建设和网络化发展。

（五）鼓励社会参与

中国人民大学孙久文、张贵指出，要充分发挥企业、社会组织、媒体等各级主体的作用，积极构建政府、企业、民间团体合作新机制。要倡导组建覆盖京津冀区域的行业协会和其他社会中介组织。❶ 例如，建立京津冀全区域的联合商会和主要行业协会，负责解决京津冀区域产业整合中的各种经济、社会和法律问题。建立各种专家咨询委员会，为解决区域内各种合作问题提供经过科学论证同时又互惠互利的方案。未来，可以考虑设立由政府、企业、专家、社会参与的京津冀区域发展论坛，组织区内外和国内外政府、企业、学界方面的代表人物和专家学者，制定包括经济、社会、环境、体制在内的京津冀区域发展议程，为京津冀区域的形成发展建设献计献策，为在各种重大问题上形成共识提供讨论空间。

四、利益协调机制的构建

（一）转变观念，树立新的区域发展观

首先，要正确认识政府的职能。规范政府与市场的关系，切实转变政府职能，确保政府不越位、不缺位、不错位，实现政府归位。其次，要跳出行政区观念的束缚，树立经济区域的观念。经济区域是动态发展变化的，与行政区的固定界限并不必然一致。在传统行政区观念下，地方政府视本辖区地方利益和意愿表达、维护和实现为根本，在区域合作中实行地方本位主义；而新区域主义观念则强调区域的开放性、整体性，强调区域各方的一致行动，以实现共赢为总体目标。最后，破除地方本位主义，切实融入区域发展。区域各利益主体要树立开放合作的理念，破除地方保护主义，摒弃只有共识、没有实际行动的固有做法，采取切实行动，主动融入区域治理体系之中，共同推动京津冀区域协调发展。

（二）构建畅通的利益表达机制

随着社会的多元化和分层化，利益需求也日渐多元，不同利益群体之间

---

❶ 孙久文. 北京参与京津冀区域合作的主要途径探索[J]. 河北工业大学学报（社会科学版），2013（1）.

总是存在着矛盾与冲突，如果没有畅通的利益表达渠道和及时的信息沟通与反馈渠道，很容易激化矛盾。推进京津冀区域的合作，必须建立利益表达机制，既能确保所有地方政府能够表达其利益诉求，更应使市场和社会等非政府力量有机会表达他们的意愿。京津冀区域现有的松散型协调机制只能形成原则性的"共识"，很难有效推进区域协调发展，因此，必须搭建区域内利益相关方表达利益的平台。由于京津冀区域的特殊性，这一平台的构建必然是以政府为主导。

首先，应建立政府间协商平台，从以往的双边会晤改为多边协商，从松散型的会谈改为制度化的安排。需要成立由国务院领导、国家发改委牵头、各行政区行政长官参加的京津冀区域省市长联席会，专门负责研究、编制区域发展总体规划，统筹协调区域合作和一体化的战略决策。在中央政府的推动下、自上而下地搭建政府间协调平台，确保京津冀三方都能表达自己的利益诉求。其次，建立职能部门协商平台以及市区协商平台，推动落实高层会谈成果，合力改善区域内的政策、制度和服务环境，建设相互衔接、规范协调、高效运转的市场管理和服务体系，引导、推动三地企业和行业组织开展区域合作，从而形成省级、部门级、地市级等多层次的协商体系。最后，区域协调发展离不开企业、居民以及社会力量的广泛参与，只有多方认可的决策才能得到更好的贯彻执行，因此，还需要构建包括政府、企业和社会在内的协商平台，建立多层次的网络协调体系，确保区域内利益相关方都能够表达自身的利益诉求。

（三）构建和谐的利益分配机制

目前，京津冀区域利益分配机制尚未形成。在参与主体上，以各级政府为主，企业、居民、非政府组织较少；在手段途径上，以行政手段为主，市场协调、第三方协调和法律协调较少；在协调形式上，以政府双边协调为主，缺乏京津冀三方协调，在协调效果上缺乏效率。利益分配机制强调地区之间既竞争又合作，并在此基础上实现利益的地区分享。构建和谐的区域利益分配机制，应充分考虑区域内各主体的利益诉求，规范各主体的利益表达与利益分配行为，防止利益分配不公。❶首都经济贸易大学教授祝尔娟指出，推进京津冀协同发展要有配套制度，比如首都财政、投资共建和投资转移。公共产品的供给要依靠政府和市场机制的有机结合，积极探索用税收分享制、成本分摊制、生态补偿制分类解决盈利性产品、半公益性产品、公益性产品的供给问题。京津冀利益分配机制可以从四个方面构建：在组织形式上，构建政府与企业、社会组织相互连接的网络结构，形成多中心的网络协调结构；在制度层面上，构建以共识、信任、协商为基础的伙伴关系；在治理机制上，由以行政协调为主的形式转向以行政主导、市场和社会共同参与的协调机制；在治理结构上，构建开放、透明的广泛参与渠道，为利益相关方提供制度化参与区域治理的通道。

（四）构建相应的利益补偿机制

区域非均衡发展是区域发展的常态，区域决策的执行往往可能使某些地方利益受损，应综合运用行政、法律和市场手段建立利益补偿机制，以保护参与各方的利益，强化区域的整体观念，保障区域治理机制的顺畅。产业利益补偿机制通过中央政府的宏观调控来实现，可以通过中央政府的财政转移制度来进行，通过财政补贴、税收返还等形式对地方利益进行再分配，对地方政府进行补偿，从而使地方利益的分配达到比较公平的状态。目前，京津冀区域的补偿机制主要针对生态环境和水资源两个方面。应建立相应的补偿机制对保护生态环境的行为进行补偿或奖励，对因生态环境破坏和环境保护而受到损害的人群进行补偿，以激励市场主体自觉保护环境，促进环境与经济协调发展。❷

生态补偿机制的建立可以通过两种方式。一是政府补偿。由于水资源和

---

❶ 保建云. 中国和谐社会构建中的地方利益均衡与利益平衡机制研究[J]. 江苏社会科学，2008(1).

❷ 刘桂环,张惠远,万军等. 京津冀北流域生态补偿机制初探[J]. 中国人口·资源与环境，2006(4).

生态环境的公共物品属性、外部性及社会矛盾的复杂性等因素，单个经济主体在许多领域和场合根本无法补偿，政府补偿特别重要。政府补偿是指通过政府的财政转移支付方式实施流域范围内水生态保护补偿机制。建立横向转移纵向化的补偿支付体系。北京、张家口和承德已经就扶贫展开了各种形式的补偿和援助，但是这种机制需要继续深化，扩大补偿范围，创新补偿机制，使补偿机制制度化。二是市场补偿。市场补偿是指在政府的引导下实现生态保护者与生态受益者之间自愿协商的补偿。2005 年 1 月 6 日，我国首例城市水权交易在浙江省义乌市正式"交货"。东阳与义乌两个县级市之间的水权交易，打破了"指令用水、行政划拨"的旧模式，建立了跨越城市的水权市场，通过平等、协商的市场机制达成交易，证明了市场机制是水资源配置的有效手段。更重要的是该项交易具有更加重要的治理意义，代表了我国资源治理模式的一种新范式，为我国地区之间的其他公共服务项目交易提供了一条新思路。❶ 但在京津冀区域，这样的流域生态补偿还缺乏先例，资源和生态环境服务的市场体系发育不健全，因此急需建立新的资源交易体系，通过市场手段解决许多重大区域问题。

在京津冀区域的整体经济中，应该是既存在差距又形成互补的格局，如果差距过大就不能相互促进、互惠互利，只会有利于一方利益而损害另一方利益。在京津冀区域经济中，河北的经济最为薄弱，和京津形成了两极格局，并没有形成合理的梯度效应。由于京津的聚集效应，京津对河北经济发展的促进作用小于其从河北吸纳的资金、人才、原材料的影响。此外，需要京津冀建立相应合理的补偿机制，形成合理的梯度格局，加速三地一体化的发展。环境问题是最大的协同话题。专家纷纷呼吁在河北先行先试生态补偿机制，在产权交易等方面做一些探索和推进。孙久文建议中央统筹管理，统一收费、统一补偿，用间接补偿替代地方对地方的直接补偿。❷

---

❶　连玉明,武建忠. 中国政府创新案例[M]. 北京:中国时代经济出版社,2006.

❷　孙久文. 北京参与京津冀区域合作的主要途径探索[J]. 河北工业大学学报(社会科学版),2013(1).

(五) 构建利益协调的保障机制

区域利益协调机制的构建，需要有法律的保障。区域性组织、区域性规划、政府间协议等都是新时期区域协调发展中不可或缺的，而这方面在法律上尚未有明确的定位。此外，利益协调机制受到现行体制的制约，如财税体制、规划体制、官员绩效考核升迁体制等都对推进区域协调有着很大的阻碍，因此需要积极深化行政管理体制改革，切实转变政府职能，打破阻碍区域协调发展的体制障碍。同时，地方政府要积极培育中介组织，引导社会或民间力量参与区域发展，发挥行业协会、商会等非政府组织在推进区域协调发展中的作用。

第二节　经济法律制度促进区域协同发展

从经济法律制度与经济发展的关系、经济法律制度的功能来看，有经济法律制度支撑的区域经济发展是有益的，能促进区域经济的协调发展。因此，不仅要重视地区政府之间的合作，也要重视企业间的合作，因为企业是市场经济发展的根基，是市场经济的细胞，所以要加强经济协调发展市场机制的作用，依法推动经济协调发展，实现区域经济协调发展。一是加强中观调控与地方经济立法相结合的法律制度构建。二是积极加强地方财政转移立法、地方产业立法，通过地方经济立法之间的关联性更好地达到单项立法所不能带来的立法效果。例如，财政法能促进产业发展，而产业发展也能增加财政的税源、财源收入，形成一种良性的循环。促进区域经济发展，必须依靠有法律保障的市场机制引导个人、企业等经济组织活动，加固区域协调发展的微观基础，加强中观调控法的正确指导、预测、保障的作用，结合国家宏观调控的措施，这样才能促进经济协调发展，实现经济又好又快的发展。

一、区域经济与法律环境的关系

在经济全球化的今天，任何一个国家或地区的社会经济发展，都必须有一个良好的法律环境来保障市场经济的发展，良好的法律环境不是自然形成的，而是人为创建的，要靠立法、守法、执法、司法的良性运行来维护，一个良好的法律环境主要体现在法律至上、法制统一和社会稳定等方面。

（一）良好的法律环境可以正确指引区域经济发展的方向

区域经济发展的目标是实现经济稳定增长、区域经济可持续发展与区域社会成员的福利提高，接近经济学所讲的帕累托状态。市场主体的微观决策总是带有一定的自发性和盲目性，单纯依靠市场调节难以实现区域经济总量的平衡和区域经济的健康稳定增长。市场对区域社会产品结构和产业结构的调整作用是有限的，有时也是失灵和存在缺陷的，这就要求通过资源优化配置，实现国民经济的各部门、各地区和各企业之间正确分配人力、财力和物力资源，形成合理的生产力布局、产业结构、企业结构和产品结构，稳定区域经济市场秩序，提高区域经济的社会效益和经济效益。

（二）良好的法律环境是区域经济发展的基本保障

区域经济协调发展是以建设有中国特色社会主义市场经济体制及其法治为大背景的。市场经济是竞争激烈的经济、有差别的经济、追求效益的经济，因此，市场机制必须依靠市场规则。我们必须充分利用已有的市场规则等法律资源，对各种经济关系和经济活动进行全方位的法律调整，使之有序进行；并通过法律手段建立各种利益激励机制和权利保障机制，以充分调动和发挥市场主体的积极性、主动性及创造性，从而有效地调配各种资源，合理地利用人力、物力、财力、智力，使资金的融通，人才、投资、科技成果的吸引和作用发挥等都合法有效地进行。因此，在市场经济条件下的区域经济协调

发展，必须充分重视和发挥法治的保障作用。❶

（三）良好的法律环境为区域经济发展提供可靠保障

法律是所有社会规范中最具有明确性、确定性和国家强制性的规范，法律环境的好坏是一个国家、一个地区文明进步的标志。良好的法律环境能够表现出该国家和地区的政治秩序、经济秩序、工作秩序、社会生活秩序。区域的经济环境，都要通过一定的法律形式表现出来，具体的法律规定明确人的预期投资目的，为人的预期投资计划提供可预见性，同时，区域内任何一项具体的政策和措施必须由一定的法律手段来保障实施。吸引投资是促进一地区经济增长的有效方式之一，而法治环境是中外投资者评估投资的首要因素，投资者收回投资利润需要有法律明确规定。只有依法保护投资企业的合法权益，才能吸引更多的国内外投资。法律规范带给人们一种秩序感、安全感，从而有利于创建良好的区域发展环境，促进区域经济的发展。

二、经济法与经济发展的关系

经济法与经济活动是密不可分的，经济活动是经济法存在的基础、源泉，没有经济活动，经济法就不可能产生。而经济活动又离不开经济法，经济法是为经济活动服务的，这种服务对于经济活动来说是必不可少的。经济活动只有在与之适应的经济法的干预、管理、控制之下才能正常、规范、有秩序地健康发展。经济法从本质上说就是国家干预经济活动的一种手段。经济法的根本目标在于促进经济与社会的良性运行与协调发展，这是由经济法是国家宏观调控手段干预市场经济运行、弥补市场调节缺陷的根本特征所决定的。经济法在解决了效率与公平、个体利益与社会利益的矛盾以后，便可以实现其更高层次的目标，即促进经济的健康稳定增长，保障社会公共利益，调控

---

❶ 刘远碧. 西部大开发与法治环境的构建[J]. 新疆师范大学学报,2003(2):77.

和促进经济与社会的良性运行与协调发展。

政府的实际调控和规制是经济法必要的手段，促进经济稳定增长是经济法在宏观调控和市场规制中优化经济结构、减少经济波动从而提高经济效益的目标；保障社会公共利益是经济法在宏观调控和市场规制过程中实现经济公平和社会公平的具体体现；而调控和促进经济与社会的良性运行和协调发展，则是上述目标的全面实现，它是经济法的最高目标。经济法作为一个独立部门法的形成及其作为一门学科的出现，无论在广度还是深度上都对经济发展起到了推进作用。在宏观上调整、组织、指导经济的运行，在微观上约束、激励和规范市场主体的行为，以期实现整个社会的高效、协调运行和发展。❶

三、区域经济协同发展的法律调整

区域经济是介于宏观经济与微观经济之间的中观经济，处于二者的结合点，作为区域经济法律调整对象的区域经济关系，应当是指国家对区域经济活动实施管理或调节所发生的各种社会关系。区域经济发展能否经久不衰并实现多赢，关键是要从"区域协调"层面上升到"政府协调"层面，淡化"政策调整"而强化"法律调整"。法律调整是指法律对社会关系的规范，属于法律层面上的调整，所体现的是一种国家意志。因为法律所规范的主体或者行为，最终所体现的仍然是一种社会关系，把"调整"归结为"规范"，既可以表现调整的法律属性，又表明对社会关系的整顿，这种整顿既表现为对已经充分展现出来的较为稳定的社会关系的整顿。又可以对尚未充分表现出来的不稳定的社会关系的整顿，同时还包括对按照通常规律可能出现的社会关系进行事前的整顿。这表明法律上的调整不仅仅是理顺现有的社会关系，而且还包括对社会关系有条件的创制，即"超前规范"。法律上的调整应当包括三层含义：一是法律允许主体做什么；二是法律不允许主体做什么；三

---

❶ 刘瑞复. 经济法国民经济运行法[M]. 北京:中国政法大学出版社,1994:127-130. 22。

是主体违反了法律规定，法律责任是什么。也就是运用法律的规定把人们的行为或者活动纳入可操作的轨道。❶ 所以京津冀应该尽快转变目前的地方"政府协议"型合作机制，走上"政府立法"统一引导调控的法治型发展机制。

（一）区域经济协调发展的经济法调整

1. 区域协调发展的宏观经济调控法调整

宏观调控法是指调整国家在宏观经济调控过程中所发生的社会公共性经济关系的法律规范的总称，是经济法的重要组成部分，是实现国民经济和社会整体利益的计划，确认和发挥政府在宏观调控法中法律地位的基本法，是解决地区之间或部门之间利益冲突，正确处理国民经济中重大经济发展问题的法律依据。宏观调控作为国家经济调节的一种基本方式，主要针对总体、全局的问题，特别是短期社会总供给与总需求的矛盾或发展不平衡的问题。通过宏观调控法可以规范政府行为，调节市场失灵状况。因为放任自由竞争的市场经济具有被动性、盲目性、滞后性等特点，会产生经济剧烈波动和经济总量的失衡；而市场主体在激烈的竞争中，为了谋求最大的利润，往往把资金投向周期短、收效快、风险小的产业，导致产业结构不合理，表现为制造业发展较快，服务业和农业发展较慢，这势必会引起国民经济总体结构失衡，制约经济稳定、持续和快速发展，必然会导致市场配置资源的能力不足，出现市场失灵。这就需要国家克服市场缺陷的特点，通过制订和实施社会经济计划、经济政策和采取具体经济调节手段影响社会经济的宏观结构和运行。❷

宏观调控法是由财政法、产业法、金融法、投资法等调整宏观经济关系的法律、法规及规范性文件构成，它的主要功能和任务，一是为了预防和克服市场失灵所带来的负面效应，在宏观经济总量和结构等宏观方面所存在的

❶ 李昌麒. 经济法学[M]. 北京:中国政法大学出版社,2002:48。
❷ 张德峰. 宏观调控的界定[J]. 河北法学,2009(1)。

失衡、失调、无序状况，以促使经济的宏观状况朝着预期的方向发展。❶ 二是规范国家在宏观经济调控和监管中各有关主体的行为，维护国家宏观经济调控秩序，保障国家宏观经济调控顺利进行和宏观经济调控目标的实现，保障国民经济稳定、快速发展。❷ 实践证明，要保证政府干预能发挥对经济的促进作用，政府干预必须依法进行。只有建立在法律基础上的宏观调控才能更有理性、更深刻地认识客观规律；只有法律化的宏观调控才是制度化的宏观调控，才能持续稳定；只有通过法律，宏观调控的内容才能精确化。

2. 区域协调发展的中观经济调控法调整

中观经济泛指一定区域内的人类经济活动，是指一定的空间内，自然资源条件类似，经济结构相近或具有互补依赖性的地域，把所具有的各种生产要素有机结合在一起，形成的具有地域特性的经济运行系统。中观经济的含义可以确定为：凡是介于整个社会和一个经济单位之间的经济活动，也就是非"宏"非"微"，亦"宏"亦"微"的中介状态的经济结构。具体的说，也就是某一区域和某一部门的经济活动。❸ 中观调控权是一国范围内某一地方政权机构综合运用各种指导、优惠措施等刺激方式，对所辖行政区域的社会经济结构和运行进行调控的一种地方经济调控权。如国家下达产业结构规划，不是直接下达给企业，而是通过中央各部和地方省属对口厅、局、委，然后再下达给职能单位；同样，企业对生产实施的计划，出口的货物数量的统计，也是通过地方省属对厅、局、委和中央各部汇总起来，最后形成综合指标。只有经过中间环节的调度，国民经济才能控制得当，井井有条，不仅国家对企业的关系是这样，省、市、区对企业的关系也需要过渡环节，假如没有这个环节，国家就需要直接管理和控制成千上万个工业户、农业户，这实际上是不可能的。

---

❶ 杨紫烜. 经济法［M］. 北京:高等教育出版社,2009:417-418。

❷ 卢炯星. 论我国宏观经济法的理论及体系［A］. 杨紫烜,盛杰民. 经济法研究（第二卷）［C］. 北京:北京大学出版社,2001. 82.

❸ 王慎之. 中观经济学［M］. 上海人民出版社,1988(2).

区域经济作为中观经济的重要方面，在其法律调整中强调中观经济调控法的独立作用，既是对我国经济法结构理论的发展与完善，也是对我国区域经济管理体制的法制重塑。根据对宏观经济关系结构的解析，中观调控法的调整对象应当限定为区域经济的内部管理关系，即区域经济管理主体（地方政府）自主调控本地区经济活动的关系，其规范的重点也应当主要是作为调控者的地方政府的行为。因为与中央政府相比较，地方政府更了解本地区的区位优势、经济优势、比较优势，地方政府管理经济效率的提高有助于国家整体经济效率的提高，对于地区经济发展不平衡更应通过自身的积极主动干预、调控达到地区发展平衡。长期以来，我国地方经济立法中用来规制市场主体的立法和用来规范行政管理主体的立法，始终处于比例严重失衡的状态，地方政府的管理行为始终缺乏有效的法律规范，其行为的不规范也无法得到矫正和扭转。中观经济调控法的价值和作用在此得以彰显，其通过为区域管理主体设定具体的包括行为原则、决策程序、管理责任等在内的一系列规范，促使其按法定的方式行使管理权限，并要求其经济政策以公开立法的形式公开、稳定、连续地进行，并严格依据所制定的经济制度实施管理。

3. 区域协调发展的微观经济法调整

微观经济法是指调整在政府直接管理市场、维护市场秩序、干预或协调市场交易主体的微观经济活动过程中所发生的经济关系的法律规范总称。微观经济法又称"市场规制法"，调整的是政府与市场经济活动直接参与者（企业和个人）之间的经济规制关系。与经济法一样，作为其部门法的市场规制法出现在 19 世纪末 20 世纪初，市场主体的行为具有天然的趋利性和自发性，如不加以适度、有效地引导和干预，市场主体的行为最终可能走向背弃市场和破坏市场的路径。市场规制法律体系以反垄断法、反不正当竞争法和消费者权益保护法为主要内容，其目的是促进公平竞争，维护市场秩序，防止市场失灵。市场规制法对市场主体的经济行为进行法律调整，促进其理性合法竞争，其涉及的市场主体行为主要是其微观经济行为，是对宏观经济基础的微观经济领域的市场主体经济行为进行规制。市场规制法往往运用许可、限制、禁止、鼓励和保护等各种手段对市场主体的市场经济行为进行直接规制，对市场主体的行为和市场各要素产生直接的影响。❶ 同时，国家公权干预市场也必须依法、适度，才能有利于市场经济的发展。

4. 区域经济协调发展的三位一体调控法互动调整

中观经济活动位于宏观经济活动与微观经济活动之间，起承上启下的纽带和桥梁作用，它与宏观经济调控法、微观经济调控法都有密切的联系，是经济调控法的中间层次。打个比方，微观是一粒粒的水珠，宏观是浩瀚的大海，中观是条条河流，市场规制法与宏观调控法正反映了经济关系分化与综合两个方向发展要求，而中观经济调控法的出现，就可以实现微观规制与宏观调控手段的有机结合。一方面，经济法通过众多的具体部门分别调整各类经济关系，另一方面，又从总体上对各种具体经济关系进行全面综合调整。在中观调控方面，是一国范围内某一地方政权机构综合运用各种指导、引导、促进方式，对所辖行政区域的社会经济结构和运行进行调控的一种地方经济调控权。此外，中观经济调控法对于宏观调控法还起着创新和补充的作用。在区域经济协调发展的法律调整过程中，在"宏观——中观——微观"三位一体的调整下，在传导机制制约下，宏观政策通过中观协调，引导微观行为，首先实现一个区域的经济协调运行，进而形成全国协调经济运行的活动，其中间目标则是区域经济目标"。❷

对于区域经济协调发展，不仅只是区域经济自身法律调整、干预的过程，必须从国家宏观调控层面、微观经济主体、市场规制方面相结合考虑区域经济的协调发展问题。宏观调控是运用财政政策、货币政策和其他政策来减缓经济周期波动和促进经济协调、均衡发展的，对市场主体进行国家干预，不仅是国家的愿望，同时也是企业谋求发展的内在要求。首先，经济个体的发展需要一个良好的外部环境，而这个外部环境，经济个体是不能创造的。这就需要国家通过经济政策和经济法律、法规为企业创造一个能够生存、有序

---

❶ 李长健. 论市场规制法[J]. 经济师,2005(3).

❷ 原崇信. 区域财政研究[M]. 北京:经济科学出版社,2002:17-18.

竞争和发展的环境。这是经济法所追求的最积极的调控。其次，经济个体由于自身所处的局部环境，即使在有自己的信息网络的情况下，也不可能把握全局，因此，经济个体的发展，必须依靠国家的全局指导。再次，经济个体总是力图追求自己利益的最大化，为此它们的行为可能偏离国家利益和社会公共利益，在这种情况下，国家就必须通过经济的、法律的和必要的行政手段、限制或者禁止经济个体的不法行为或损害国家和社会公共利益的行为。❶在当今社会化生产日益发展的条件下，如果市场秩序混乱，企业没有良好的运行法律环境，也就无法正常运营，产生利润。微观经济法侧重于制定市场规则和确立市场秩序，宏观调控侧重经济总量的调节和经济整体的均衡发展，中观经济调控是政府从本地区的角度侧重于对市场、资源、企业的直接管理，企业必须经营良好才能产生利税，上交地方政府与国家，地方政府财政才有财力发展教育、卫生、公共物品的服务，国家才有实力去发展国防、外交、国家重点建设的领域，从而形成一个从下到上与从上到下的良性互动发展。不管是宏观调控、中观调控、微观规制都是为了实现市场经济有规则、有秩序地运转，保证经济的健康、高速、长期稳定发展，所以强调的是三者综合调整的整体效果，三者是互相联系而不是孤立存在的。培育和发展市场体系是一项复杂的系统工程，需要许多条件的配合，其中最重要的一个条件就是法律条件。培育和发展市场体系是各个法律部门的共同任务，但是对市场的培育和发展最能起作用的是民法和经济法。❷

（二）经济法律制度在区域经济协调发展中的功能

功能概念是指属于总体经济活动的某种活动对总体活动所做的贡献。经济法的功能是指立法者为了实现社会经济高速可持续发展，而预设于经济法规范中，并期望通过其实施而造成一种积极的客观经济效果，这种效果有利于整个社会经济的稳定、协调发展。西方发达国家经济发展与法制进程的实

---

❶ 李昌麒. 经济法学[M]. 北京:中国政法大学出版社,2002:48. 26.
❷ 李昌麒. 经济法学[M]. 北京:中国政法大学出版社,2002:49.

践表明，法律与经济发展之间存在着密切的联系，从区域经济发展的要素及其作用机制的角度，把经济法的功能归纳为利益平衡功能、资源配置功能、激励功能、降低交易成本功能等。

1. 利益平衡功能

在经济生活中，法律不仅具有实现生产要素有效配置的功能，还是维护社会正义的工具，通过调整各种经济关系主体之间的利益分配，实现对社会财富的分享，实现人的解放和人类社会进步的最终目标。庞德把法律的功能理解为："在于调节、调和各种复杂的冲突和利益……以便使各种利益中大部分或我们文化中最重要的利益得到满足，而使其他的利益最少地牺牲"。❶这种关于法律功能的思想，表明了他所处的时代和国家中人们对法律的价值和功能的一种基本认识，即法律制度的基本功能是保证最小的损失和最大的利益。然而，法律制度最终会保护哪些人的利益，以及利益保护的程度和社会资源的配置效率，还要依靠法律本身的价值取向。在现代市场经济条件下，对合法利益的追求以及利益的多元化，导致了个体利益之间、个体利益与公共利益和社会利益之间存在着矛盾与冲突，这些利益冲突往往需要通过法律制度来协调与平衡。经济法律制度不仅要促进经济效率，更重要的是以实现社会公平正义和社会和谐进步为价值导向，通过立法和法律的执行，以其规范性和强制性来调整社会关系，平衡个人利益与社会利益，整合社会资源，维护社会秩序，从而实现经济发展和社会进步。为了有效地通过法律保护社会利益，庞德把利益分为公共利益、社会利益和个人利益三类，其中社会公共利益最为重要，当各种利益内部以及相互之间存在冲突时，通过法律制度平衡利益是一种必然的选择。法律制度对利益的协调与平衡功能主要表现为法律制度的利益表达机制、利益整合机制和利益保障机制。

2. 资源配置功能

资源是人类社会经济发展的物质基础，按照资源的存在形态大致可以

---

❶ 付子堂. 法律功能论[M]. 北京：中国政法大学出版社，1999：87。

分为自然资源和社会资源两类，前者主要指以各种物质形态存在的资源，后者则主要表现为劳动力、资本、社会关系等资源。资源的配置不仅是一个经济问题，而且也是一个法律问题，❶ 调节资源配置的方式是经济法最基本的功能。人们从事经济活动的前提是人的无限利益追求与满足人们需要的资源稀缺之间存在的矛盾，从而产生对稀缺资源的配置问题，把稀缺的资源应用到最有效率的地方。在资源配置法律研究中，1890 年，美国《谢尔曼法》就是针对市场这一缺陷，通过法律规定实现对资源的重新配置，从而弥补市场的缺陷，实现经济发展的高效与社会整体利益。西方经济学从资源的稀缺性入手，资源配置是针对资源的有限性和人类社会需要无限性的冲突，将其中可供人类利用的资源加以配置组合，由此满足人类社会经济发展的需求。从生产的可能性边界角度看，资源配置是指"能够生产各种商品的全部资源的有限性，迫使社会在各种相对稀缺的商品中间进行选择"，❷ 法律经济学则将法律制度视为实现资源配置的手段，正如波斯纳所说："法律制度中的许多原则和制度最好被理解和解释为促进资源有效配置的努力。"❸ 新制度经济学认为，当制度降低了资源配置的交易成本时，资源配置会朝着好的方向发展。由此，制度和资源配置之间存在着密切的联系，同时制度也制约着资源配置，在各种制度中，法律制度对资源配置的影响最大，因为法律制度具有减少或增大收益的功能，从而影响资源产出目标的实现。所以，通过改变资源配置的法律规则，可以影响经济发展水平。

3. 激励功能

经济法的激励功能，指其对社会经济活动参与者的某种经济行为的鼓励和促进，它通过提倡何种经济行为或反对何种经济行为，将鼓励什么经济活动或抑制什么经济活动的信息传达出来，借助奖励或惩罚的强制力量以监督

---

❶ 周晓唯. 法律的经济功能——要素资源配置的法经济学分析[J]. 西安电子科技大学学报，2001(12)。

❷ 萨谬尔森、诺德豪斯著，高鸿业等译. 经济学[M]. 北京：中国发展出版社，1992：43。

❸ 波斯纳著，林毅夫等译. 法律的经济分析[M]. 北京：中国大百科全书出版社，1997：26。

执行。经济法的激励，可以规定经济法主体的行为方向，改变其偏好，影响其选择。从而使其具有动力去做出经济法所要求和期望的行为，最终实现经济法所定的整个社会经济系统的要求，取得预期的法律效果。❶ 经济法的激励功能主要表现在经济法的奖励性规定及优惠减免性规定，如财政优惠、税收减免、银行贷款利率优惠等，能有效促进投资的流入。

4. 降低交易成本功能

古典经济增长理论把经济发展的原因归结为专业化分工及通过频繁的贸易活动来实现。在经济活动的各个环节中，产出的增长在于提高转换过程中要素投入的效率，然后通过交换过程实现要素的分配，但这种交换过程并没有考虑成本问题，市场并不能在无交易成本的世界中运行，合理的交易成本是市场机制正常运行的代价。新制度研究者的基本观点是，交易成本是经济活动的重要组成部分，从历史的角度看，交易费用与转换费用都是经济增长的限制因素，经济组织的变革和技术内部降低了交易费用水平，使得专业化分工得以深化，从而进一步引起经济增长，由此，在经济发展与交易成本之间建立了联系。诺贝尔经济学奖得主诺思认为，人们设立法律制度的目的在于创造交易秩序和减少交易中的不确定性，从而降低交易成本。新制度经济学认为，制度变化是经济发展的动力，制度能够降低交易成本，制度的目的在于最大限度地降低非生产性支出以增加生产性支出，从而提高资源的使用效率。法律经济学家认为，对法律制度进行经济分析的关键是通过如何配制财产权、契约责任和侵权责任等来提高经济效率，可以看出，法律制度的重要功能在于降低交易成本，并由此提高经济效率和促进经济发展。

四、区域经济协同发展的法律启示

"以市场经济机制为资源配置主要手段的西方发达国家，在实现工业化和推进经济现代化的过程中，始终被区域发展不平衡问题所困扰。市场机制

---

❶ 刘大洪. 经济法学［M］. 北京:北京大学出版社,2007:49。

并没有像新古典主流经济学预期的那样使区域经济实现相对均衡发展，而是使区域发展非均衡加剧。日趋严重的区域问题，迫使西方各国政府普遍采取政府干预的手段，以缓解其对经济和社会发展带来的负面影响。"● 区域政策往往是为了寻求更大的社会公正，加强和保持政治稳定以及更有效地利用未充分利用的国家资源。由于落后地区开发是一个长期的过程，为了保证开发目标的实现，保障开发战略和区域规划的贯彻实施，保持有关区域开发政策的一贯性和连续性，需要加强立法。从世界落后地区开发的经验看，都非常注重法律的保障作用。❷

（一）健全机构，制定完善法律法规，保障区域经济协调发展

国外政府在解决区域发展不平衡问题的时候，通常都会设置一个专门的机构，以此来统一领导和协调地区经济的发展。比如，日本政府设立的"北海道开发行"和美国政府为开发田纳西河流域而设立的跨地区的开发管理委员会等。在我国，各相关部门虽各有一定的资源，但却没有一个协调区域经济发展政策行动的机构。另外，区域经济的协调必须有法制保障和稳定的法制环境，政府必须提供有效的制度供应。

（二）完善区域经济政策工具，采用灵活多样的政府援助方式

很多国家对于本国不发达地区都采取了各种各样的倾斜政策，体现了援助方式的灵活性和多样性特点。使政府投资的区域倾斜措施规范化、制度化；建立统一规范的财政转移支付制度，增加对不发达地区政府的转移致富补助；深化税制改革，建立起具有区域调节功能的税收体制，完善中央与地方分税制，充分发挥税收杠杆在统筹区域发展中的应有作用。

● 陈计旺. 地域分工与区域经济协调发展[M]. 北京:经济管理出版社,2001:1-2.
❷ 张丽君等. 地缘经济时代[M]北京:中央民族大学出版社,2006:563.

（三）　建立区域利益协调机制

区域利益协调机制是从区域整体利益出发对区域内各地区间分工合作的经济利益进行协调的机制，政府是推动区域合作的组织机制。区域内的经济发展都有自己独特的区域、资源、能源优势，但同时又存在优势重合的现象。形成合理布局与分工，防止产业过度雷同和重复建设导致的竞争不经济局面，是区域协调发展的重要内容。如果缺乏政府间的协调机制，市场经济的利益最大化和资源配置规律决定区域经济合作的发展结局可能是差异性发展和掠夺性竞争。此外，应根据机会均等、公平竞争的原则，为地区间的发展创造一个相对公平的竞争环境，使各地都具有同等的发展机会和分享经济利益的权利；另外，根据利益兼顾、适当补偿的原则，通过多种途径对参与区域分工与合作而蒙受损失的一方以及缺乏自我发展能力而处于缓慢增长状态的落后地区，在资金、技术、人才和政策上给予一定的支持和相应的补偿。只有有效地解决地区间的利益冲突，促进京津冀的区域经济合作，确立利益协调机制与政府规制的边界，从而降低区域交易成本。

（四）　建立健全具有权威性的区域经济发展中观调控机构

为加强区域经济政策的制定，加强对区域经济活动的干预，保证区域经济发展宏观调控的有效实施，许多国家都设有专门的针对落后区域开发的区域经济发展宏观调控和管理机构。这些机构，有的除负责制定有关政策和进行区域调控、管理外，还负责制订区域综合开发计划、筹措开发资金和进行基础设施建设。

1. 建立区域经济协调发展中观调控法律责任制度

区域经济是在市场机制的作用下发展，市场发挥基础作用的同时，一是离不开国家的宏观调控和管理，即"无形之手"和"有形之手"的共同作用。二是离不开地方政府的中观调控和管理，因为民商法不能规范政府的宏观经济行为，经济法应运而生。经济法的发展催生了经济法责任，既规范政府的经济行为，又规制市场主体的竞争活动，是对民商法、行政法的补充。因此，经济法主体的违法行为很可能是地方政府的官员，同时触犯不同法律部门的规定，从而产生中观调控法责任，既要承担其他部门法规上的责任，又要承担经济法上的责任。其具体的责任形式和制裁方式既不同于民事责任的返还财产、赔偿损失、支付违约金、赔礼道歉等方式，也不同于行政责任的警告、记过、开除等方式。中观调控经济法律的责任形式主要包括财产和其他经济利益方面的责任，经济行为方面的责任，经济信誉方面的责任。❶

2. 促进区域协调发展的地方经济立法

地方经济立法是我国特定的地方国家政权机关，依照法定的职权和程序，在国家立法的指导下，遵循国家法制统一原则，结合本地区实际，制定、修改和废止调整经济关系的规范性法律文件的活动。❷ 我国宪法规定，地方权力机关有权制定地方性法规，制定有关区域发展的地方性法规。同时，省级人大及其常委会、国务院批准的较大的市人大及其常委会在不违反宪法、法律、行政法规的前提下享有根据本地方的实际情况制定地方性法规的权力，也就是说地方人大有权制定促进区域经济协调的区域财政法规或区域产业法规。

第三节　京津冀区域合作的法律保障

随着市场经济的发展，企业和公民个人都需要法律来保障市场的良好运行和自身的合法权益。我国是法治社会，对地方政府的行为自然要通过法律层面建立约束制度，完善、健全相关法律法规。区域的发展首先要明确各城市的功能定位，其次，通过法律保障等措施实现政府间的合作，推进京津冀区域一体化发展进程。北京重点在科技研发和现代服务业，天津重点在高端制造业和物流业，河北则发展传统产业，另加部分有优势的高新技术产业，

---

❶ 王利军,冯兆蕙.论经济法责任[J].河北法学,2004(5)。
❷ 张菊霞.地方经济立法质量问题研究[D].兰州:兰州大学,2006:2。

实现错位发展。

　　区域经济协调发展需要一个统一的市场，这就要打破市场垄断和市场分割，完成这个任务需要由地方政府来执行。在此过程中，地方政府之间的竞争不可避免。通过立法来监督政府间的竞争，建立相应的管制措施，减少地方政府间的恶性竞争，减少地方政府在竞争过程中的权利寻租等不利于政府自身建设的情况出现。和市场法律法规规范市场行为一样，政府行为也应受到相应的监管和规范，这是区域经济协调发展的要求，也是促进地方政府规范竞争的必然选择。

　　从法律法规规范的重点来看，具体有以下几点：一是使中央政府和地方政府就城市功能定位问题上求得一致意见，能够集思广益。城市的功能定位决定了该城市未来的发展走向，具有宏观上的决定性意义。从世界经验和中国国情来讲，中央政府的宏观政策对地方经济的影响是决定性的，所以地方政府非常关注中央政府的发展重点和动向。城市功能定位后，地方政府就要按照定位进行地方性法律法规的建设，调整资源投向，进行产业结构调整。在这个过程中，地方政府难免要从政绩方面考虑地方利益的得失。若地方政府感到与期望差异较大，这会影响到它们推进改革的积极性，不利于区域经济的协调发展。所以在对城市功能定位的问题上，要考虑到地方整体利益的诉求。二是对经济增长和发展水平差距较大的地区，对地方政府的考核指标等方面也应从法律方面给予保障。地区经济发展水平不同，市场也会存在一定差别。若单纯用经济指标进行政绩考评，有失公平。河北有不少贫困县，基本位于张承地区和太行山一带，和京津的经济差距本来就很大。再加上张家口和承德是北京的上风上水地区，是北京自然和资源的屏障，需要重点加大对环境和资源的保护，包括投资导向等。如果采取同样的标准来衡量张家口和承德地区的发展水平，这样做会有失偏颇，影响张家口和承德地方政府的积极性。若把非经济指标，如资源、环境指标列入重点考核内容，这样会均衡各类指标。所以，在规范地方政府的法律体系时要将这两点考虑进来。具体而言，就是要改变单纯以 GDP 论成败的考核体系，将反映社会、环境、生态等相关指标纳入综合指标体系，提高 GDP 的含金量，建立绿色 GDP 和社会发展的综合评价体系，考核范围扩展到社会发展因素上来。对经济区域的评价标准看经济发展水平，对生态功能区的评价标准看生态环境的保护情况，从而解决地方政府的短期化行为和地方保护主义。

高规格协同机构的缺位是京津冀协同发展面临的首要问题。由于跨省级行政区划和京津两市的特殊地位，京津冀三地在政治经济上具有严重的不对等性，经济协作和合作受市场控制力弱，始于 20 世纪 90 年代的地市共建环京经济协作办公室等协调机构并不能完全奏效，迫切需要第四方——高规格协同机构行使协调职能。基于京津冀问题的特殊性和对国际大都市圈的研究，京津冀协同机构应该是国家（中央）层面的机构建制。2014 年，国务院已经成立了由国务院副总理担任组长的京津冀协同发展的领导小组以及相应的办公室，未来可考虑成立国家层面的京津冀协同发展委员会，具体办事机构或者放在国家发改委设立专门司，或者放在中央财经领导小组办公室，或者放在中央全面深化改革领导小组办公室，协调三地采取共同的政策和规划。

理顺三地协同机制是京津冀协同发展的必然路径。由于区域功能定位和行政因素约束，京津冀三地在协同发展机制建设方面始终进展缓慢。2014 年 2 月，"廊坊共识"中包含的定期会议机制并未有效执行。2006 年开始，京冀两地虽然签订了 4 次合作协议，但实质合作内容并未有效推进。与之相比，世界六大区域特别是以上海为中心的长江三角洲区域一体化全方位、宽领域、多层次和体系化的合作协调机制成效显著，值得借鉴。未来京津冀地区可在京津冀协同发展委员会、京津冀协同发展领导小组和具体办事机构的共同推动下，设计实施四层次协同发展机制。第一层次是推行"廊坊共识"中达成的定期会议机制，制定京津冀协同发展委员会、北京市、天津市、河北省一会两市一省主要领导年度会晤制度，三省（市）省（市）长参加，可每年签订协同发展框架协议，意在共同制定高层战略决策。第二层次是设立地市主要领导出席的京津冀地区城市协同联席会议制度，每年一次，会议签订《京津冀地区城市协同发展（年度）协议》。会议主要具体商谈区域协同发展中可能遇到的体制机制障碍，提出解决这些问题的协调方案，推动实质性协调做法不断创新。第三层次是设立京津冀三地发改、土地、环保、人社、科技、旅游等主要部门定期联席会议制度，寻求落实决策的具体路径，全面深入推进协同发展。第四层次是行业协会与企业为主体的交流会议和论坛，推进区域协调发展市场化。同时，为避免由于层级带来的机制不畅，可在京津冀协同发展具体办事机构设置直通通道，各层次会议和论坛议定内容和结果需及时直通汇报备案，审议获批后实施执行。出台协同规划法案是京津冀协同发展的迫切要求。世界六大区域经验表明，京津冀地区从《京津冀都市圈规划》到《首都经济圈规划》，再到《京津冀协调发展区域规划方案》，始终没有批复出台，这是京津冀协同发展与协同机制配套的重大瓶颈。京津冀地区应加强与国务院等上级主管部门的沟通协商，站在三地角度统筹考虑全局，争取《京津冀协调发展区域规划方案》尽快获批出台，为京津冀协同发展提供战略方向，同时也为具体行政协议和法案章程的制定提供依据。应该赋予其明确的法律地位，其协调的方式方法中必须有法律法规的途径。亟需制定和完善的行政协议和法案章程包括：一是加快制定《京津冀协调发展区域规划方案实施条例》，细化京津冀协同发展实施路径，保障规划方案落地实施，对于区域大气污染防治协作等国家关注的重大问题制定单独条例。二是在京津冀地区城市协同联席会议制度框架下，制定会议章程，同时对常设机构、专项资金以及产业、信息、规划、科技、产权、旅游、环境、协作等专题工作制定提案，依据协同工作进展程度制定修正案，并依法审议。三是签订部门间行政协议和合作框架。

第七章 京津冀区域各领域协同发展研究

第一节 京津冀区域文化产业协同发展研究

　　文化产业是近年来世界范围内迅速发展的新兴产业，在区域经济交流与合作中发挥着越来越突出的作用。京津冀区域是环渤海地区经济社会发展的核心地区，有相近的文化背景和相连的地域人缘，文化资源丰富，文化产业发展各有优势。加强京津冀文化产业的合作与发展，不仅可以带动和促进区域内其他产业的合作，推进区域经济一体化，而且也有助于提升区域整体经济实力与国际竞争力。文化产业在区域经济发展中发挥着越来越重要的作用。京津冀区域文化产业合作与发展的战略意义在于能够为京津冀地区培育新的经济增长点、转变区域经济发展方式和推进京津冀经济一体化。京津冀文化产业合作与发展具有良好的基础条件，但也面临着体制性的制约障碍，当前其合作与发展的战略重点应放在充分发挥政府的引导和推动作用、积极创造有利的发展环境、整合优势文化资源项目和重视文化产业领军人才的培养等方面。

一、文化产业的内涵

　　文化产业，是以文化创意为核心，通过技术的介入和产业化的方式制造、营销不同形态的文化产品的行业。文化产业是市场经济条件下繁荣发展文化的重要载体，是满足人民群众多样化、多层次、多方面精神文化需求的重要途径，也是推动经济结构调整、转变经济发展方式的重要着力点。2009 年，国家出台了《文化产业振兴规划》，标志着文化产业已经上升为国家战略性产业，对于繁荣文化市场，满足人民群众多层次、多方面、多样化的文化需求，提高文化产业占国民经济的比重，增强国际竞争力具有十分重要的意义。

1. 文化产业的文化不是指一般的文化，也不是指精英文化，而是指大众文化和通俗文化。所以文化产业主要的内容是娱乐和媒体，而不是高雅艺术。也就是说，文化产业首先是面向大众消费的文化。

2. 文化产业是产业，也就是工业。因此，它是企业主导的市场行为，是从消费需求来反向思考的产业，而不是用艺术家文化的理念强制消费者接受。是要从消费者需求什么的角度出发，去替他们策划和生产出来，并且需要工业化的批量生产。总之，它不是个人化的、艺术家自己喜欢的创意和个性化服务。

3. 文化产业属于第三产业，而第三产业的兴旺发达是现代经济的一个重要特征。大力发展社会主义文化产业，解放和发展文化生产力，对满足人民群众日益增长的精神文化生活的需要、促进人的全面发展、促进经济增长、增强我国综合国力、适应国际竞争都具有重要意义。

4. 在知识经济的时代，文化产业将成为龙头驱动性的产业，其他产业和文化产业之间存在密切联系，文化产业可以推动制造业的结构升级，也可以拉动其他产业的消费。文化产业不仅自身要发展，也要推动其他产业发展。所有的硬件几乎都需要文化设计和内容产业的驱动。

5. 文化产业的盈利模式与传统产业不同，文化产业不靠文艺演出、门票等直接文化产品盈利，而是靠文化衍生产品盈利。如迪斯尼不靠卖动画片和门票收入赚钱，而是靠卖衍生产品吸引周边经济。传统产业创造利润，文化产业创造附加值，靠衍生产品盈利。文化产业具有边际效益，可以盘活经济，带动周边经济，如酒店、餐饮、交通、纺织轻工业等实现价值增值，形成产业价值链。

6. 文化创意与科技创新不同，是两个不同的概念。从产品和服务的角度来看，创意产业的产品具有使用价值和观念价值，科技创新的重点在使用价值上，提升产品的功能价值是物质基础；文化创意的观念价值是以文化观念为基础，提升产品的观念价值。科技创新往往只能在一定的范围内引进，依靠专家和专业人才，受到专业知识水平的限制，但是创意产业却可以通过全民动员来扩大整个产业的市场，提升产业的附加值。

二、京津冀文化产业协同发展的战略意义

（一）文化产业的协同发展有利于培育京津冀地区新的经济增长点

文化产业是一个有巨大增长空间的新兴产业形态，它涉及新闻、出版、广播影视、动漫、游戏、网络文化、旅游、艺术表演、休闲健身、工艺美术、广告、书法、绘画、教育、娱乐等众多行业领域。伴随着经济社会的发展，近年来我国的文化产业也在快速发展。2009 年，国务院通过《文化产业振兴规划》后，文化产业获得持续高速增长，平均增长速度高达 17％以上，比同期 GDP 增速高出 10 个百分点左右，不仅高于传统产业的增长速度，而且还高于同为朝阳产业的电子信息等产业的发展速度。根据发达国家和地区的发展经验，在一个地区人均 GDP 突破 3000 美元以后，社会对文化产品的消费会有一个跳跃式发展，而且人均 GDP 越高，文化消费占的比例越大。文化需求的增加，将推动社会增加文化供给，扩大文化市场，大大推动文化产业的发展。❶ 京津冀地区人均 GDP 在 2006 年已超过 3000 美元，其中北京作为京津冀地区最发达的城市，2009 年全市人均 GDP 已超过 1 万美元，社会对文化的需求已出现"井喷"趋势。随着人们物质生活水平的不断提高，人们对精神文化生活的需求也日益强烈，文化消费的市场需求不断增长，城乡居民的消费结构发生很大变化，用于文化教育、文化消费的支出将越来越多。尽管

---

❶ 耿乃凡. 文化产业在经济发展中的地位和作用[J]. 中国产业,2010(8):40.

目前京津冀地区文化产业呈现出快速发展的势头，但与当地现代化建设对文化产业发展的需要，与当地人民群众对文化产品日益增长的需求相比，仍有不少差距。而作为具有雄厚科技和人才优势的地区，动漫、网游、数字出版等具有高科技含量的新兴文化产业形态的出现，也给京津冀地区文化产业带来巨大的发展空间。文化产业作为正在成长的产业形态，呈现出巨大的发展潜力，是京津冀地区经济发展新的增长点。

（二）文化产业的协同发展有利于转变京津冀地区的经济发展方式

文化产业的合作与发展对于转变京津冀地区经济发展方式的作用体现在两方面。一是文化产业本身属于第三产业，对于能源和其他自然资源的消耗极小，其快速发展为国民经济的支柱性产业，在有利于保护环境、节约资源的同时，提升了第三产业在国民经济中的比重，优化京津冀地区的产业结构。文化产业具有资源消耗低、环境污染小的鲜明特征，是典型的绿色经济、低碳产业。其发展主要依靠精神成果和智力投入，而不以消耗物资形态的资源为主。文化产业所满足的文化消费是一种可持续的消费，它将消费和人类自身的发展有机结合起来，不但对环境、资源的破坏作用小，而且能提高人们的生活质量，满足精神文化需求，符合可持续发展的基本规律。❶ 正是由于文化产业的内在属性，使得文化产业成为社会经济发展新的动力引擎，在经济发展中具有越来越重要的地位，成为转变经济增长方式的重要载体。二是文化产业的发展会渗透到其他各个领域，从而改变资源的配置结构，推动产业结构调整，促进经济增长。在现代社会中，随着经济的发展和人们生活水平的提高，人们对精神生活质量和生活环境的要求日益提高，京津冀已进入追求时尚和个性发展的消费需求阶段，这必然要求现代商品不仅要有实用性，还要有美观性、知识性和趣味性，因而要求商品中的文化含量、文化附加值越来越高。文化产业的发展可以赋予商品更多的文化魅力。而不同文化含量

---

❶ 耿乃凡. 文化产业在经济发展中的地位和作用[J]. 中国产业,2010(8):40.

产品之间的价格差异，也会促使企业更多地使用文化创意与文化要素，将与文化产业相关的文化理念渗透到设计、生产、营销、市场、品牌、经营管理等环节，产品价值创造链条的变化会引致产业结构的调整和升级。当前京津冀地区中，天津和河北第二产业仍占有较大比重，农业、制造业、建筑业、旅游业等产业的发展，越来越需要转变传统的经济发展模式，文化产业的大力发展将为这些产业赋予更多的文化内涵，通过增加文化的附加值，使其重新焕发经济活力，从而实现产业结构的转型和升级。

（三） 文化产业的协同发展有利于推进京津冀地区经济一体化

京津冀作为环渤海经济圈的核心，区域经济一体化已提出多年，但与长三角地区、珠三角地区相比，协作成效并不明显，发展相对缓慢。究其原因，主要是在具体的产业合作与发展上还存在一定缺陷，没有形成有效的合力。作为新兴产业的代表，京津冀文化产业的合作与发展有望打破现有的产业合作体制和机制，为其他产业的合作与发展起到重要的示范带头作用，从而促进京津冀地区经济一体化发展。产业合作的关键在于建立"优势互补、互利双赢"的合作机制，京津冀文化产业的合作在这方面具有天然的优势条件。从地域来看，京津冀地区有相近的文化背景、相连的地域人缘，文化底蕴深厚，具有文化产业合作与发展的雄厚基础。从总量规模和发展质量来看，北京是我国的政治和文化中心，文化产业起步较早，实力最为雄厚；天津文化产业起步快，起点高，文化产业发展十分迅速；河北相对来说文化产业发展慢些。三地文化产业之间存在一定的落差，为构建"错位发展、优势互补"的合作创造了条件。从现实发展情况来看，京津冀区域在文化产业的合作与发展上已取得了实质性的成果。以旅游为例，在政府引导下，京津冀区域旅游合作逐步扩大合作范围，共同促进京津冀区域旅游业发展。现已初步形成这样一种局面，即以旅游管理上的合作为突破口，不断消除行政管理体制的空间限制，实现跨区域管理；以旅游产品的合作为主线，促使旅游资源的共享、旅游产品的延伸等；以客源市场的合作为基础，统一市场形象和市场宣传，统一客源组织、客源互换；以经营上的合作为动力，推动跨区域经营、跨区域投资等。京津冀三地之间签署的旅游合作协议，打破了地区间的行政壁垒，改变了过去政府只注重本地发展的情况，并初步形成区域旅游联动合作协调共谋发展的框架。❶ 基于此，我们有理由相信，通过文化产业合作与发展的示范带头作用，京津冀地区有望形成新的有效的产业合作机制，从而促进地区经济的一体化发展。

三、京津冀文化产业合作与发展的基础条件

（一）文化资源的相容性、文化产业的梯度性和互补性

京津冀文化资源的相容性是文化产业合作发展的突出优势。从地域上看，京津冀三地共处我国的华北地区，北京与天津两市位于河北怀抱之内，三地地域相连，具有相近的文化背景，形成了相容性较强的文化资源。京津冀都市圈内有 6 个国家级历史文化名城（区），7 处世界文化遗产，另有 10 处历史古迹已经被确定为世界遗产的后备名单，143 处国家级文物保护单位，上千处省市级文物保护单位。文化资源的价值与相容性是文化产业区域性合作的一个重要条件。此外，京津冀三地文化产业的发展梯度性和互补性十分明显，也为区域文化产业的合作发展提供了可能。北京文化产业起步较早，发展较快，文化创意产业增加值占北京地区生产总值的比重逐年提高，目前已超过地区生产总值的 10％，在第三产业中仅次于金融业，位居第二，成为北京市的支柱产业。天津精心打造"中华百年看天津"品牌，以演出业为龙头，以艺术品交易业、舞台技术工程业为两翼，带动音像、动漫、艺术培训、文化旅游等行业的共同发展。近年来，天津在积极研究制定文化创意产业发展规划和相应的扶持政策的基础上，酝酿、建立了一批文化创意产业园区和产业基地，文化产业获得快速发展。河北文化产业相对发展步伐缓慢一些，

---

❶ 张亚军等．环渤海地区文化产业亟需战略整合[J]．领导之友，2007(4).

但也将文化产业纳入到国民经济和社会发展的主导产业体系，开始构建以新闻出版、广播影视、文化旅游、演艺娱乐、信息服务为主导产业，以历史文化名城为中心的产业基地和产业带，力求形成文化产业多元化、集团化发展格局。从发展水平和发展阶段看，京津冀文化产业存在着区域发展的梯度性和产业门类的互补性。北京作为全国的文化、政治中心，文化产业发展不仅厚重而且强势，与天津、河北在发展水平上存在着较大的落差，而这些落差又形成了三地在产业领域高端与低端的互补性，从而为三省市文化产业协作与互动提供了条件。

（二）突破文化体制障碍是文化产业协同发展的关键

在传统的行政体制下，受地方利益的驱使，各地方政府以公开或隐蔽的形式实行地方保护主义，通过构筑名目繁多的行政壁垒和贸易壁垒来保护本地区的利益。这使得商品和各种生产要素无法自由流动，地区、行业、企业间的优势无法互补，造成资源浪费，并最终导致竞争、开放、统一的大市场难以形成，难以做到资源的优化配置及经济融合。京津冀文化产业的合作与发展也是如此。要使文化资源要素在京津冀三地间合理流动和有效组合，形成文化产业合作发展的良好局面，就必须依靠一个科学合理、健康高效的文化体制。目前，影响京津冀文化产业发展的最大制约因素是区域内和区域外文化市场开放程度低，而决定市场开放程度低的主要因素就是体制障碍。在破解文化体制障碍方面，北京作为我国文化体制改革第一批试点城市，已取得了一定成效，经营性事业单位相继进行转企改制，推动了文化创意产业的发展。天津滨海新区作为全国综合配套改革试验区，肩负着建设成为"新兴文化产业发展的策源地和示范区"的历史性目标，正在文化体制改革上不断探索，推动天津文化体制改革走向深化。河北文化体制改革在全国先行试点经验的基础上，也已经开始真正意义上的试点工作，当前正积极稳妥地推进。总之，京津冀文化产业区域合作以打破体制障碍为突破口，努力形成以北京的文化体制改革试验为牵动和引导，以天津综合配套改革试验区为平台和契机，进一步加快河北文化体制改革的局面。

四、当前京津冀文化产业合作与发展的战略举措

国家《文化产业振兴规划》的出台，使京津冀文化产业具有了更为广阔的发展空间和更为有利的发展条件，但与国内先进地区相比，京津冀文化产业的合作与发展仍处在初始阶段。"十二五"时期，加快京津冀都市圈的一体化建设已成为当务之急。因此，从战略高度认识京津冀文化产业合作与发展的重要性，并采取有力的政策措施，加快推进重点领域和关键环节的改革创新，着力解决影响和制约三地文化产业合作与发展的深层次问题，促进文化产业又好又快发展，使之成为推动京津冀区域经济一体化发展的重要推手。

中国科学院和中国工程院两院院士吴良镛在《京津冀地区城乡空间发展规划研究二期报告》中指出：在京津冀地区，可以建立以京、津两大城市为核心的京津走廊发展轴，以环渤海湾的大滨海地区为新兴产业带，以山前城镇密集地区为传统发展带，以环京津燕山和太行山区为生态文化发展带，共同构筑京津冀地区"一轴三带"的空间发展格局，以提高首都地区的区域竞争力、资源环境承载力和文化影响力，推动京津冀地区的均衡发展。但现状却是北京、天津、河北三地各自为政，缺乏统一部署，京津冀地区要发展发达的文化产业必须发挥各自优势，相互协调，相互补充。京津冀地区文化产业发展应当统筹规划，因地制宜。因此，有必要由三地中的一方牵头，带动其他两方共同制定切实可行的文化产业发展战略规划，发挥各自比较优势，促进文化产业合理分工。

（一）充分发挥政府的引导和推动作用

京津冀文化产业的合作与发展是一项涉及面广、关联度强的综合性工程，当前，由于京津冀文化产业区域合作尚处于初期阶段，合作方式和组织形式还需要在实践中不断探索和完善，因此，迫切需要三地政府充分发挥其在区域合作中的规划、引导和推动作用。京津冀三地都要加大政府投入。政府要

加大对文化产业的投入，设立专项基金，主要用于文化基础设施建设、规划研究和人才培训，扶持一批确有示范作用的重点项目、重点品牌；安排一定的政策性贷款用于发展各类文化产业，对有创新性和带动性的文化产业项目实行低息或者贴息；通过各项税收政策、财政政策、货币政策等优惠政策来引导各种资本进入文化产业，充分利用"国家对文化体制改革调整税收"的政策，对创新文化产业项目给予一定的税赋减免。通过贷款贴息、项目补贴、补充资本金等方式，支持国家级文化产业基地建设，支持文化产业重点项目及跨区域整合，支持国有控股文化企业股份制改造，支持文化领域新产品、新技术的研发，支持大宗文化产品和服务的出口。

首先，各级政府和部门要站在区域合作与发展一盘棋的战略高度总揽全局，制定京津冀文化产业发展总体规划和三地地区文化产业发展规划，并将两者进行有效衔接，引导三地文化产业合作走可持续发展道路。其次，政府还应站在全局高度部署合作工作，避免重复建设，做到各地文化产业发展先后有序，重点突出。第三，政府相关部门还要树立区域合作和"大市场"的观念，鼓励有关部门和文化企业跨越行政区划的约束，主动参与区域文化产业合作开发。在政府的牵头引导下，各地企业应成为区域间文化产业合作的主体。各企业可以根据自己的比较优势加强合作，共同设计富含区域特色的文化产品，共同拓展国内外市场，形成具有较强竞争能力的大公司或者企业集团，减少区域内企业的激烈竞争。

（二）积极创造有利的发展环境

京津冀文化产业合作成功的关键在于形成"优势互补、互利双赢"的合作机制。因此，突破地方保护主义的行政壁垒和贸易壁垒，构建有利于文化产业发展的环境和良好的发展氛围尤为重要。在制定符合京津冀统一的文化产业发展规划后，各地政府还要完善文化产业区域合作的政策环境，营造良好的区域合作氛围。根据区域合作达成的协议调整地方性政策、法规，共同打造区域合作"绿色通道"，推动形成统一开放、竞争有序的市场体系。从政策上保证双方的市场相互开放，进一步消除人、财、物、信息等要素流动的障碍，让对方的生产要素和商品进入本地市场并享受同等待遇。相互有选择地吸收对方的产业转移，相互有效地支持对方企业或合作企业在当地做大做强，共同提升双方的优势文化产业的市场竞争力。同时，还需要建立健全地方性区域合作组织协调机构和各项制度，加强区域合作的组织协调能力，推动区域合作有序开展；采取各项措施，动员和组织行业协会、商会等社会组织参与文化产业的区域合作，充分发挥其在文化产业发展中的协调、引导、资源整合和维权等作用，推动区域合作向纵深发展。

（三）整合优势文化资源项目

京津冀三地要全面梳理和确定本区域的文化资源及其转化为产业资本的可能性，要在本区域内转换机制、强健主体、优势互补、有序发展。着重发展具有自身特色的文化产业，全面实施开放战略，建立市场运行机制；摒弃短期行为，以中长期发展为根本、为中心。也就是说，应着力发展在本区域内有优势的特色文化产业，并使之融入全国文化产业的价值循环和发展链条，在谋求差异性的同时做大做强，形成产业自身的延伸与辐射。在当前以政府为主导的发展格局下，充分发挥优势文化资源项目建设的推动作用是促进京津冀文化产业合作与发展的有效途径。

京津冀有相近的文化背景和相连的地域人缘。北京文化产业发展厚重而强势，天津文化产业发展迅速且已建立了一批文化产业园区和文化产业基地，河北历史悠久，文化资源丰富，在文化产业发展上基础雄厚。三地文化产业各具优势，可以互相补充，这就为文化资源项目的整合创造了良好的条件。京津冀可以通过区域体制共建来合力推进区域之间的文化资源要素的合理流动与有效组合。在这方面，京津冀三地可以由文化局等政府部门牵头来负责整合区域优势文化资源，通过摸清底数、统一规划、统一协调，打破行政和行业壁垒，建立起有效的文化资源整合机制、生产要素重组和创造机制。在此基础上，共同利用、借助文化创意产业博览会和国际文化产业博览交易会等平台，统筹跨区域、融合性文化资源项目的投资与开发，将潜在的文化资源优势切实转换为产业发展优势和竞争优势。

（四）重视文化产业领军人才的培养

文化产业是一个对智力要求较高的产业，人才特别是领军人物在文化产业的发展中起着至关重要的作用。因此，要促进京津冀文化产业的发展，就必须树立人才资源是第一资源的观念，加快完善体制机制，培养和吸引优秀人才，突破人才瓶颈，为推动京津冀文化产业的合作与发展提供有力的智力支持。北京和天津两地教育资源丰富，师资力量雄厚，可以充分利用这一优势，在文化产业人才培养中发挥重要作用。首先是立足现有高校资源，积极支持各高校根据市场需要开设文化产业类高教专业，扶持与文化产业实践结合紧密的高校承担文化产业人才培养任务。其次，三地可以共同建设文化产业研究教育基地，开展文化产业教育培训和学术交流活动，培育文化产业经营管理高级人才。此外，还可以借助京津冀三地正在共建的人才供求信息网和高级人才数据库，定期发布文化人才的需求信息，推动文化人才中介组织和市场建设，为文化人才区域的有序流动创造良好环境。最后，还要因地制宜制定相关的支持和鼓励政策，吸引和留住各专业领域的领军人物、懂经营善管理的文化经营管理人才、掌握现代传播技术的专业技术人才来参与京津冀文化产业的建设和发展。

（五）探索文化资源向文化产业发展的转化机制

京津冀区域是炎黄文化产生和发展的重要渊源地之一，拥有丰富灿烂的文化资源。但文化资源丰富并不能代表文化产业发达，文化资源如何转化为文化产业，还是一个亟需解决的重要问题。相关部门应该积极探索从文化资源向文化产业发展的转变机制，充分调动各方面力量，加大调研工作力度，着手做好以下几方面工作：一是对本区域的文化资源从物质文化和精神文化两个层面进行彻底梳理、分类研究，有效地挖掘文化产业潜力，加大文化资源产业化开发的有效性和针对性；二是对本区域内现有的文化产业进行分类研究，以市场为导向，整合企业，从本区域的实际出发，有选择地精心培育和做大做强龙头企业，培育一批在国内甚至国际具有知名品牌影响力的文化产业和文化创意产业，形成良性发展的产业链，继而带动其他文化产业发展，形成文化产业发展集群；三是大力推进文化产业集约化、数字化建设，形成品牌特色。河北有一批分散于不同地区有相近的特色而又各自发展的文化产业，这些产业大都在本地区具有一定的影响力，但由于缺乏集约化经营，和现代技术结合少，难于成批量生产，在国内和国际市场缺乏更大的影响力和竞争力。除了企业自身的努力外，京津冀三地的有关部门要积极帮助企业策划公关、整合发展，集约经营、积极开发具有国际国内影响力的文化品牌，形成文化产业名片效应，扩大文化产品的市场占有率，提高文化知名度。

（六）加大对文化产业发展和文化体制改革的力度

目前，文化产业发展的体制还没有理顺。在省级体制层面上，文化、出版、广电、新闻、文联、作协、社会生产组织等行政、社会团体、企业、演艺单位等分属不明、各自为政和多头发展的情况都有不同程度的存在。有关体制改革在很大程度上成为这些部门、团体和单位内部的具体改革，而较少涉及全面的、整体性的文化建设与发展体制的改革。这样一种方式和路径，或许能够带来文化产业主体一时的活跃，但难以解决阻碍文化产业持续发展的深层次问题。因此，必须贯彻落实《文化产业振兴规划》，对文化产业发展体制进行全面改革。

一种可行的思路是：在政府部门的整体框架中，设立相对独立的文化产业发展与管理部门，对所有文化产业的内容、形态及相关资源、资本行使管理与服务职能。在此基础上，与党委宣传部门建立指导性联系。这样，一直困扰文化产业发展的对接问题——资源与资本的对接、产品（项目）与企业的对接、企业与市场的对接、政府支持与发展需求的对接等，就具备了较好的解决条件。统一规划、全面整合、单一管辖、分属明确、强大主体、拓展市场，应成为目前文化体制改革的重要目标和原则。落实国家关于非公有资本、外资进入文化产业的有关规定，根据文化产业不同类别，通过独资、合资、合作等多种途径，积极吸收社会资本和外资进入政策允许的文化产业领域，参与国有文化企业的股份制改造，形成以公有制为主体、多种所有制共同发展的文化产业格局。

（七）走出发展误区

一种是盲目型发展方式。在传统、现代与新兴文化产业发展上任意穿梭、随意而为，今天某个项目"火"了便大干快上，明天某种园区流行便批地设置。必须处理好传统文化和现代文化的关系。一方面要重视现代的网络文化、动漫等形式，另一方面对传统的文化形式也要传承、保护、推广、发展。很多文化用"激励""集聚"这样的制造业概念可以涵盖，但也有很多文化是不能用制造业的方法发展的。文化真正的创造力在个体，因此应该从政策上对文化创造者的要素真正给予支持。一种是自然型发展方式。在传统思维观念的影响下，对文化产业发展疏于支持，任其自然生长、自然淘汰。

一种是求全型发展方式。传统、现代、新兴什么都要，什么都上，形成了"小而全"与自我封闭的文化产业发展格局。一种是"跑马圈地"型发展方式。什么流行、什么时髦做什么，只要能够抢占到资金、土地和项目，就是发展成果。一种是偏好主导型，根据主管部门或某些人的喜好和认识来确定文化产业发展规划和生产服务设置。

（八）文化"走出去"及转型❶

当前，文化"走出去"已提升为国家战略。文化究竟该如何"走出去"，文化"走出去"应采取什么样的模式，文化"走出去"该向何处转型，这是

---

❶ 张晓凤,金起文. 文化"走出去"的模式及转型"[J]. 青年记者,2012(33).

文化"走出去"所亟待解决的问题。

1. 文化"走出去"的模式

（1）"注资"模式

文化"走出去"参与国际市场竞争，就要按照国际市场的要求去运作，按照市场的需要去开发、生产，精心选择文化产品的内容、表达方式、外在包装、营销方式，满足不同国别、不同地区、不同年龄段、不同职业、不同欣赏习惯和审美情趣的文化消费者的需求。但对于为数不少的中国文化企业来说，它们并不熟悉海外市场，不了解海外市场的需求，不知道如何去运作，这就需要借鉴国外文化企业的经验。购买国际知名文化企业的部分股权，进入董事会，是一个不错的选择。这样既可直接了解和掌握国外文化企业的运作情况和技巧，学习和借鉴它们的经营管理经验，又可以此为依托了解熟悉国际市场的需要，为文化企业"走出去"创造条件。

（2）"借船出海"模式

文化"走出去"，要善于"借力"。一方面要借国家的"船"，即借助国家重大文化项目工程"走出去"，如借助"中华文化推广战略计划""经典中国国际出版工程"、中国出版物国际营销渠道拓展工程、重点新闻出版企业海外发展扶持工程以及中国国际图书展销中心建设项目等多个文化"走出去"工程等，使文化企业快速走出国门。另一方面就是借国外的"船"，即投入一定资金收购国外有影响力的文化企业品牌，获得其成熟的团队和文化产品销售渠道，借此扩大自身文化产品和服务在国际市场的份额。

（3）"联姻"模式

我国一些文化品牌在国内有一定的知名度，而在国际市场上却是不知名品牌。要提高自身品牌的知名度，最好的方式就是通过"联姻"的方式，即文化企业将自己在国际上不知名的文化品牌与国际上知名的文化品牌相结合，以带动本企业文化产品"走出去"，提升自身文化品牌的影响力和竞争力。这种模式的优点是实现了品牌的共享。

（4）"入驻"模式

我国文化企业"走出去"，其文化产品也和其他企业的产品一样，将面临国外的种种关税壁垒等。避免遭遇关税壁垒最直接、有效的方式就是文化企业直接到国外建立自己的文化产品生产基地。通过这种本地化生产，推广自己的文化品牌，树立当地文化企业形象，更好、更多地销售自己在当地和国内所生产的文化产品。这种模式的优点是容易获得所在国消费者的信任和欢迎，提高文化产品的销售量和市场占有率，避免文化产品走出国门遭遇更多的关税壁垒等。

（5）技术导向模式

文化"走出去"参与国际市场竞争，要靠先进技术做支撑，"如果没有核心技术，品牌会空壳化，就没有生命力"。❶ 因此，文化企业应有明确的国际市场目标，通过技术创新，建立和开发自己的技术体系，推动信息技术、网络技术、数字技术在影视、出版、动漫、网络游戏等领域的运用，提高技术装备水平，改造传统文化生产、经营和传播模式，使更多富有时代气息、民族特色、反映中国现代文化的原创性的文化产品先占领发展中国家市场，然后大力出击发达国家市场，形成有自己品牌的拳头产品和优势产品。

2. 文化"走出去"如何转型

（1）由文化展示型向经济效益型转变

从我国目前文化"走出去"的现状来看，在对外文化交流中，较多考虑的是"要让外国人看到我们"，❷ 即看到中国文化，很少考虑通过展示国内叫好、国外也能叫好的优秀作品使社会效益、经济效益双丰收。文化产品输出也没有对市场影响力和经济效益提出硬性要求。如"中国图书对外推广计划"主要是通过资助翻译费的方式，推动中国的作品"走出去"，很少关注作品在市场上的影响力。另外，更多的图书是以"赠送"的方式"走出去"的。这种单纯的"送出去"虽然对外宣传了中国文化，取得了一定的社会效

---

❶ 冉永平. 华为，一个国际化品牌的成长故事[N]. 人民日报,2005(6)。
❷ 徐丽红. 依托"精品战略"让中国文化"走出去"[N]. 中国财经报,2011(3).

益，使一些文化产品实现了一定量的突破，但这是以国家投入大量财力为代价的。因此，要加快实现由文化展示型向经济效益型转变。在政策导向上要将追求文化产品输出数量、规模，满足于文化产品"送出去"，转变为注重文化产品输出的质量和效果，要求文化产品"卖出去"。只有文化产品"卖出去"了，才能获得资源补偿和赢利。政府相关部门要与获得补贴和资助的文化企业签订相应的经济责任保证书，不仅保证文化产品输出的数量，还要保证有一定的市场占有率、出品利润率，用经济指标来衡量企业"走出去"的绩效，同时也要加强对项目过程的管理和监督。

（2）由政府主导型向引导型转变

目前，我国文化"走出去"带有很强的政府主导性，政府是规划的设计者、项目出资方、项目审判者、项目实施情况的监督人，主要表现为政府制定指导目录并以此遴选重点企业和重点项目，推动重大项目工程。这种由政府主导的"走出去"模式，在文化"走出去"的初期，对于中国文化品牌走出国门，不断增进世界对中华文化的了解，提升中国文化品牌在国际上的知名度和影响力，确实起了推动作用。但这种模式的缺陷是：文化企业作为"走出去"的"主体和文化产品的主要创造者的作用未能得到有效发挥"。❶因此，各级政府应自觉转变观念和职能，对文化企业"走出去"做到引导而不强制，支持而不包办，服务而不干涉，将着力点放在如何激发企业"走出去"的内在动力上，引导企业将"走出去"作为自身发展的需要。推动企业不断完善"走出去"的国际化经营管理制度，进一步探索多元化的产权结构，建立与国际惯例相符的管理体制、经营机制和分配制度，并将经营国际化作为衡量业绩的一项重要指标，充分调动经营者的积极性。同时，文化企业自身也要自觉转变观念，自觉克服"等、靠、要"思想，增强主体意识，练好"内功"，打造更多的具有中国特色的文化精品，变"你要我出"为"我想要出"，努力做到在"走出去"过程中既依靠政府又不依赖政府，既依靠政策又不单靠政策，快速成长为真正自主型的文化主体。

---

❶ 鞠宏磊. 我国文化"走出去"动力机制研究[J]. 编辑之友,2011(11).

（3）由政策优惠型向环境优化型转变

为加快文化企业"走出去"的步伐，国家制定了一系列扶持政策，如设立推动文化企业"走出去"的文化产业发展专项资金，此外，还涉及税收优惠、简化出口审批程序、金融支持等多个方面的政策。上述政策支持和优惠对于文化企业"走出去"起到了十分重要的作用。但从根本上讲，政策优惠是暂时的，环境优化才是长远的，因此，要为文化企业营造一个良好的"走出去"环境。建立以政府引导和民间交流为主体、市场机制为杠杆、文化交流与文化贸易相结合的运作机制；加强对外文化交流规划建设，建立文化、商务、外办、旅游等部门的会商机制，把政府有关部门涉及文化企业"走出去"的职能集中起来，形成合力，提高效率，更好地为文化企业"走出去"服务；建立文化产品和服务出口平台，构建跨行业、跨地区、跨所有制的海外销售网络、生产体系和融资渠道，促进文化企业在更大范围内进行专业化、规模化的跨国经营，更好地利用境内外的资源和市场；建立海外文化交流常设机构，如海外文化交流经纪代理机构、经纪公司等，为文化企业常年策划、联络和组织各种文化交流活动。

第二节　京津冀区域高等教育协同发展研究

面对世界经济全球化的浪潮，区域经济一体化的步伐也明显加快，实现高等教育与区域经济社会的协同发展已成共识。服务社会作为高等教育的一项重要职能，在经济与社会发展的进程中日益凸显。已经付诸实施的《国家中长期教育改革和发展规划纲要（2010—2020年）》第四十条中明确指出："推进高等学校与科研院所、社会团体的资源共享，形成协调合作的有效机制，提高服务经济建设和社会发展的能力。"区域经济发展需要地方高校的技术资源和人才支撑，京津冀地区是中国人才资源聚集的重要基地，其人才培养能力、人才资源的规模和素质在全国都处于领先地位，但人才资源的结构、素质与产业结构调整要求不相适应，高层次人才不足，以及吸引人才的环境欠佳，这些势必会危及京津冀地区经济发展的后劲。在此背景下要实现区域经济建设与地方高校良性互动，找到地方高等教育与区域经济发展的结合点，从而为区域经济与高校相互促进和共同发展提供动力，注入活力。因此，高等教育对京津冀区域经济发展的人才支撑研究有着重大的现实意义。高等教育服务于京津冀区域发展，为区域发展提供优质的人力资源和强有力的科技支撑，传承先进的文化。

京津冀高等教育有广泛的合作空间，其合作发展必须遵循区域高等教育理论。京津冀区域幅员辽阔，其高等教育各有特色。京津冀地区作为我国优质高等教育资源最为集中的区域，以占全国高等教育总规模 1/10 以上、研究生教育总规模 1/5、博士研究生规模 1/4 强、来华留学生 2/5 左右的数量优势，拥有占全国 1/4 强的"211 工程"、"985 工程"院校等高水平大学、实力雄厚的科研院所和居全国之首的包括院士及长江学者在内的高端人才的质量优势，❶同时也拥有诸多教学型大学和职业技术学院等优质资源。北京市"211 工程院校"和"985 工程院校"数量众多，研究生教育项目有很大的优势。天津市职业院校比较多，职业教育发达，是全国职业教育改革试验区，京津两地高等教育已经迈入普及化阶段。河北腹地广阔，具有廉价的土地资源，高等教育尚处于大众化初级阶段。京津冀高等教育各有千秋，合作发展具有广泛的空间。通过建立以政策导引、合作共赢、效能评估为内容的高校服务于京津冀区域发展的保障机制，使京津冀区域内高校形成一个相互协调、竞争有序、定位准确的高校生态系统，以提升京津冀区域的发展活力和竞争力。

一、高校对京津冀区域发展的作用研究

地方高校的技术和人才资源是对区域经济发展强有力的支撑，而区域经济发展能对地方高校发展提供良好的外部环境和依托，区域经济与地方高校

---

❶ 郭秀晶,桑锦龙,高兵等. 京津冀区域高等教育合作的行动研究与战略构想[J]. 高教发展研究,2010(12):14.

体现了协调互动的辩证关系。所以要发展区域经济，离不开优质的人力资源，而人力资源的储备离不开教育，特别是培养高级专门人才的高等教育。我们需要大力发展地方高等教育，使地方高等教育与区域经济发展紧密联系与契合，高等教育是区域社会发展的动力之源、"发动机"和"能源库"，建设优质人力资源经济区和创新型经济区是京津冀现阶段的奋斗目标，首先要实现高等教育大区向高等教育强区的转变。高校应充分发挥为区域经济发展服务的强大功能，地方政府和经济组织应该为高校发展提供广阔的平台。

（一）为区域发展提供优质人力资源，发挥人才"储备库"的作用

京津冀地区作为优质高等教育资源的聚集区域，高校理应在区域发展中发挥更大的优势，注重加强学生的实践能力、创造能力、就业能力和创业能力。针对高校不同类型和不同层次的特点，各高校在培养人才模式上应各具特色，共同构成区域发展人才培养的生态体系。在美国高校分布比较集中的区域，如波士顿—纽约—华盛顿区域，简称波士华（Boswah），是"相互作用大学"❶最为集中的区域，它汇集了哈佛大学、耶鲁大学、普林斯顿大学、麻省理工学院等世界一流大学，同时也拥有众多地方教学型大学和社区学院。这些不同类型的大学承担着不同的人才培养任务。塔顶的研究型大学实行严格的选拔和淘汰制，培养少数精英；塔底的两年制学院大多开放入学，任何适龄人口只要愿意并交纳学费都可入校学习；而二者之间的四年制学院则既有培养少数精英的计划，也有普及性的教育计划。❷借鉴国外的经验，京津冀区域高校应结合实际，扬长避短，明确定位，制定行之有效的人才培养目标和培养模式，努力造就一大批高素质技能型人才，积极培养众多的社会急需且具有广适性的专业人才，并重点培育高层次的拔尖创新人才，切实发挥

---

❶ 葛守勤,周式中.美国州立大学与地方经济发展[M].西安:西北大学出版社,1990:80.
❷ 胡和平,肖丽君.国外高等教育人才培养模式改革趋势[J].湖南冶金职业技术学院学报,2005(2):141-144.

好人才"储备库"的作用。

（二）为区域发展提供强有力的科技支撑，发挥"助推剂"的作用

改革、开放、科技创新是实现区域更好、更快发展的根本性保障。《国家中长期科学和技术发展规划纲要（2006—2020）》明确指出，应充分发挥高校在自主创新中的重要作用，鼓励和支持高校同企业、科研机构建立多渠道、多形式的紧密型合作关系，不断提高高校创新能力和社会服务能力。京津冀高等教育应按照国家及区域内相关产业发展规划，充分发挥人才、技术、信息方面的优势，有效整合资源，积极参与大中型企业的技术创新，努力构建"项目、人才、基地"三位一体模式，加强与大中型企业集团或上市公司建立以科研任务为纽带的长期合作，把高校的重点实验室作为企业的研发中心，更多地承担科技攻关项目，开发自主知识产权产品，不断运用先进的科研成果武装并开发现有的产品和资源，把资源优势真正转换为产品优势，实现产品与制作方式的优化升级，加快科技成果的信息化、网络化建设，努力提高各类产品与服务的科技含量，不断增强优质资源向区域延伸的聚集效应，切实在技术创新活动和区域产业发展中取得实效，真正使高校发挥"助推剂"的作用。

（三）为区域发展传承先进文化，发挥"辐射源"的作用

任何社会的进步都是经济、政治、文化协调发展的结果。精神文明作为人类改造主观世界的成果，表现为"社会精神产品和精神生活的进步"。❶京津冀地区高校是人才汇集、各种思想相互激荡的重要区域。高校作为综合性的文化组织载体，理应在教学、育人、人类文化资源的发掘、整理与研究，以及传播和创造先进文化等领域承担重任，使大学真正成为区域精神文明建设和发展社会主义先进文化的起源地。近年来，高校教师通过教书育人、开

---

❶ 张武,陈昆满,喻承久等.论坚持科学发展观[N].光明日报,2004(7).

展哲学社会科学研究等方式，利用出版著作、举办讲座、召开座谈会和报告会等多种形式来解读和传承先进文化和思想。同时，广大学生又是践行先进文化的主体，他们纷纷利用各类志愿者活动、丰富多彩的社团活动等形式积极投身到区域社会进步中去，积极开展以弘扬社会主义核心价值体系为主要内容的社会实践活动。这都是高校在精神文明建设中发挥"辐射源"作用的有益尝试。

二、京津冀区域高等教育现状

高等教育总规模（在校生数）是反映高等教育发展绝对数量的指标，通过这个指标可以反映京津冀区域高等教育的总规模。在京津冀区域中，只有河北的师生比比全国的水平稍高，北京、天津师生比都低于全国水平。师生比高，教师负担的学生多，教师的工作任务重，教师的教学质量就难以保证；反之，教师负担的学生少，教师的工作任务就轻，教师的教学质量就相对高些。在全国范围内，相比较之下，京津冀高校教师的负担不重。只是在京津冀三个省市中，北京、天津两市普通高校教师负担要低于河北高校教师。这也从一个侧面反映出河北高校教师比较紧缺，需要引进人才。

高等教育规模（高等学校在校生或毕业生数）与经济规模（GDP）之比，也就是说一定规模的经济活动（如每亿元的 GDP）得到高校毕业生（专门人才）支持的数量，这一指标能够反映高等教育发展是否与经济发展具有同步性。全国、北京、天津和河北省分别是 75.54 人/亿元、60.71 人/亿元、73.49 人/亿元、67.87 人/亿元，也就是说每亿元的 GDP 全国、北京、天津和河北分别得到了 75.54、60.71、73.49 和 67.87 个高校毕业生（专门人才）的支持。京津冀区域都低于全国的水平，也就说京津冀高等教育规模落后于当地的经济发展水平。这一事实也得到了高等教育规模（毕业生数）与经济规模（GDP）之比所得结果的证明。在京津冀三个省市中，只有天津高等教育发展规模与当地经济发展比较同步，北京、河北省高等教育发展都落后于当地的经济发展水平。

三、京津冀高等教育合作发展的理论依据

首先，根据新古典经济学的地理分工理论，一个国家或地区按某一优势的社会物质生产部门实行专业化生产，是社会分工的地域表现形式，它是在生产地与消费地分离、靠运输进行交换的条件下形成的。通常实现分工的前提是产品在生产地的价格与运费之和低于在消费地生产同种产品的价格。地域分工可分为：（1）绝对地域分工。由于自然条件和社会条件的限制，某地区不能生产某种产品，必须由其他地区输入。（2）相对地域分工。某地区能够生产某种产品，但生产耗资大，收效小，以输入为较好。合理的劳动地域分工，有利于地区间的相互支援和合作，充分利用各地的自然条件和劳动力资源，从而提高劳动生产率。地域分工是一种既稳定又非常活跃的过程，与各地区经济发展条件紧密相关。地域条件的差异是地域分工的自然与物质基础，区域专门化是地域分工的具体表现。经济学领域的这种理论在高等教育领域仍然有其市场。京津冀高等教育完全可以打破隶属于省、直辖市行政区划的藩篱，进行整体规划，通过分工合作，扬长避短，促进京津冀高等教育全面、协调和可持续发展。

其次，经济学领域的"集聚效应"和"溢出效应"在高等教育领域也得到应用。集聚效应是指各种产业和经济活动在空间上集中产生的经济效果以及吸引经济活动向一定地区靠近的向心力，是导致城市形成和不断扩大的基本因素。集聚效应是一种常见的经济现象，如产业的集聚效应，最典型的例子当数美国硅谷，聚集了几十家全球 IT 巨头和数不清的中小型高科技公司。溢出效应是指一个组织在进行某项活动时，不仅会产生活动所预期的效果，而且会对组织之外的人或社会产生影响。简而言之，就是某项活动要有外部收益，而且是活动的主体得不到的收益。集聚效应和溢出效应在高等教育领域的具体体现是，当知识集聚到一定程度后必然会向周边地区强烈辐射，使知识的集聚效应转化为溢出效应。这种效应表现在京津冀高等教育的人才培养、知识创新、文化传承、社会服务对京津冀区域和整个国家发展产生的辐

射和影响。京津冀区域发展高等教育不仅对本区域具有很大的益处，而且会溢出到相邻区域或整个国家，对相邻区域或整个国家的发展都具有很大的益处。随着区域间高等教育相互开放、彼此合作、优势互补、共同发展，京津冀高等教育的溢出效应会不断扩大和增强。

因此，根据国家区域发展的战略部署和京津冀高等教育的要素状况，有步骤、有先后、有选择地发展不同类型、不同层次的高等教育，把资源和人力应用在最有发展潜力的高等教育领域。为此，京津冀高等教育需要在分工合作的基础上，坚持协调发展的原则，采取切实可行的策略，达到质量、规模、结构和效益的全面、协调、可持续发展，从而使高等教育的经济效益和社会效益倍加。

四、京津冀高等教育合作发展的基本原则

京津冀高等教育合作发展必须坚持协调发展的原则，包括四个方面，即优势发展的原则、协调发展的原则、梯度推进的原则和多元驱动的原则。

（一）优势发展的原则

优势发展就是在发展京津冀高等教育的同时，一方面培育京津冀高校一些优势项目；另一方面，让京津冀高校已有的优势项目得到巩固和加强，使京津冀高校优势项目得到进一步提升。具体来说，优势项目分为以下两类：一是学科专业、实验室以及基地等优势项目。对于京津冀高校处于优势地位的学科专业、实验室以及基地等要巩固和发展，这些优势学科专业、实验室以及基地与京津冀经济、产业和文化等有紧密的联系，发展这些学科专业就是发展京津冀的产业和文化。二是高等教育结构的优势。就结构而言，北京的"211"和"985"工程院校的研究生培养项目显然是优势，包括硕士和博士两个层次结构应该得到进一步发展。天津的高等职业教育也是优势，也应

该得到提升和发展。河北办学的土地资源丰富，地价比较便宜，也是优势。❶

（二）协调发展的原则

区域合作、联动和协调发展的实质是区域分工和合作。其中，劳动地域分工理论集中体现了区域分工和合作的基本原理。劳动地域分工是社会分工的空间表现形式，主要是指人类经济活动按照地域的分工。在这里，区域自然系统禀赋的地域差异是劳动地域分工形成的环境基础，区域社会经济系统性质的地域差异是劳动地域分工形成的社会经济技术物质基础，而由资本和人的基本属性所决定的，以获得最优经济收益和最大消费满足为归结点的资本和人的基本需求是形成劳动地域分工的根本动力。区域合作、联动和协调发展都源于区域差异。在市场经济条件下，不同国家之间及同一国家内部不同区域之间在经济水平、综合实力、人均收入等方面都存在不同程度的发展不平衡问题。区域发展不平衡（或区域差异）一方面是资本积累的必然产物和必要条件，另一方面，当这种不平衡发展到一定程度时，就会造成市场失调和社会的不稳定，进而影响到政治的稳定。所以，如何在保持市场机制充分发挥作用的条件下实现区域平衡发展，是每一个国家的政府都要加以克服和解决的一大难题。

在高等教育领域，协调发展的原则，是指为了实现经济社会的可持续发展，必须使高等教育同经济建设、社会发展相协调，将高等教育发展同经济社会建设，同步规划、同步实施、同步发展，达到经济效益、社会效益的统一。协调发展要处理好以下几个方面的关系：一是高等教育发展与其外部环境的关系，即京津冀高等教育与京津冀经济、社会的协调发展。二是高等教育发展与内部环境的关系，高等教育要素之间协调发展。三是高等教育系统内部的关系，高等教育要力求做到规模、质量、结构和效益的协调发展。高等教育协调发展可以从三个层面来理解：宏观层面，北京、天津和河北省之间高等教育应该协调发展。中观层面，高等教育结构本身应该协调发展，即

---

❶　高等教育对长江上游经济中心建设的人才支撑研究［D］. 庆大学硕士学位论文,2009(4).

高等教育类型结构、层次结构、办学主体结构等协调发展。微观层面，高等教育的教育者、受教育者和教育过程协调发展，也就是高等教育的主体和客体身心协调发展等。

（三）梯度推进的原则

梯度推进理论是从哈佛大学教授弗农（Vernon）的产品生命周期理论发展而来的。该理论认为，工业各部门及各种工业产品，都处于生命周期的不同发展阶段，即经历创新、发展、成熟、衰退四个阶段。处于不同发展阶段的产品，由于对各种生产要素的需求程度不同，其布局指向也不相同。处于创新阶段至发展阶段的工业部门，称为兴旺部门，产品要求布局在资金充裕、技术水平高的经济发达地区；处于发展阶段至成熟阶段之间的工业部门，称为停滞部门，产品技术密度开始下降，要求占有更多的市场范围，布局趋向于拥有一定技术、资金及广阔市场的地区；处于成熟阶段至衰退阶段的工业部门，称为衰退部门，产品由技术密集型转变为劳动力密集型，原材料供应及其价格、运输费用和劳动报酬在生产成本中占有很大的比重，因此生产指向拥有丰富的资源和廉价劳动力的地区。弗农认为，企业为顺应产品从新产品阶段到成熟阶段，再到标准化阶段的生命周期的变化，必须在要素丰裕程度不一的地区之间转移产业，以规避生产上的比较劣势。

梯度推进这一经济学术语被借用到高等教育学领域，其涵义是指不同地区之间的高等教育存在着差异，高等教育由发达地区向次发达地区推进，再向落后地区的推进。京津冀高等教育梯度推进，包括以下几个方面：一是高等教育的普及程度方面，由北京、天津向河北推进；由省会城市、中心城市向地级市、县级市推进；由城市向农村推进。二是高等教育质量保障方面，由"985"工程院校、"211"工程院校向普通院校推进；由一般本科院校向高职院校推进；在区域上由教学质量较高的北京向天津推进，再向河北省推进。三是高等教育经费投入方面，由重点院校向普通院校推进，在区域上由经费投入多的北京向天津推进，再向河北省推进，由公立高等学校向民办高等学校推进。四是重点学科专业和重点实验室以及研究基地方面，京津冀高校的重点学科专业、重点实验室以及研究基地等项目的建设由重点高校向普通高校推进，由公办高校向民办高校推进。

（四）多元驱动的原则

多元驱动是指京津冀高等教育通过政治、经济、科技、文化和生态等多方面因素的驱动，促进京津冀高等教育的合作发展。京津冀高等教育是在特定的时期，在特殊的历史背景、地理条件等作用下形成的，京津冀高等教育的发展则是由政治、经济、文化和生态等方面因素驱动而发展起来的。北京是全国的政治、文化中心，北京政治、文化的发展需要高等教育予以支撑，也不可避免地推动了高等教育的发展；天津是我国北方的经济中心，经济的快速发展需要相匹配的、相适应的高等教育来提供智力支持和人力资源，同时天津滨海新区发展所提供的丰富财力也有力地促进了天津高等教育的发展；河北厚重的文化底蕴和快速发展的经济也推动了高等教育的发展。现如今，京津冀构成一个整体，政治、经济、文化和科技等多因素相互交织，推动着京津冀高等教育的发展。❶

五、高等教育为京津冀区域提供人才支撑的对策

高等教育要更好地服务京津冀区域经济发展和社会进步，就应保持政府、高校、区域社会之间信息传递的及时性和互动性，合理构建政府的统筹协调机制、高校的合作共赢机制、服务区域的效能评估机制，使三者之间形成一个良性的互动循环发展模式。通过这个模式，使得高校在政府和区域社会的共同协助下，达到高校服务区域发展效能的最大化，真正实现高等教育与区域的协同发展。通过探索高等教育服务京津冀区域发展的有效路径，构建服务区域发展的保障机制，努力使京津冀区域内高校形成一个相互协调、竞争

---

❶　李汉邦,李少华,黄侃. 论京津冀高等教育区域合作[J]. 北京教育(高教版),2012(06).

有序、定位准确、特色鲜明的高校生态系统，是加快京津冀一体化进程，提升该区域发展的活力和竞争力的重要保证。

（一）形成梯度培养模式

京津冀在人才培养方面应突破区域界限，正视京津冀人才梯度，建立不同层次人才运用机制。固然，高层次人才每个地区都求之若渴，然而京津无疑优于河北，对高层次人才有巨大的吸引力，在急需人才和高尖端人才培养方面，可以利用京津著名研究型大学和研究院进行培养，从而形成第一梯度。利用京津冀普通高校进行通才培养，这些社会普遍适用的人才数量大，社会需求量也大，从而形成第二梯度。第三梯度是专才培养，由职业技术学院和职业培训基地来完成。河北省应利用这一契机，大量设立职业技术学院和职业培训基地，发挥地方优势。此外，企业也可以加入此行列，利用剩余资金办学，这样既可以使资金发挥作用，同时又可以根据自己的需求培养所需人才。

（二）建立京津冀高校服务于区域的保障机制

由于高等教育资源分布与资源配置的不均衡，不同区域非均衡化的经济发展水平和区域内经济一体化发展成为高等教育区域合作的主要动因。因此，高等教育统筹、均衡和协调发展成为高等教育区域合作首要关注和解决的问题。高等教育要更好地服务于京津冀区域经济发展和社会进步，就应保持政府、高校、区域社会之间信息传递的及时性和互动性，合理构建政府的统筹协调机制、高校的合作共赢机制、服务区域的效能评估机制，使三者之间形成一个良性的互动循环发展模式。通过这个模式，使得高校在政府和区域社会的共同协助下，达到高校服务区域发展效能的最大化，真正实现高等教育与区域的协同发展。

1. 建立统筹协调机制

充分发挥政府的宏观调控作用，设立专门机构协调高校和区域内产业之间的利益关系，推动高校与社会的沟通和有机合作，积极引导高校科研课题与企业实际需要、社会经济发展的实际需求相结合，拉近高校科研人员与企业和社会的距离，使科研人员能更深刻地了解人民群众的现实需要。政府应充分运用政策指导、法律法规、拨款资助、发展规划、信息服务以及依托民间专业性的协调组织等进行宏观调控管理，承担起资助与扶持高校的责任，以间接控制的途径，实现政府意志与大学自治原则、院校各自利益的整合与协调。❶

2. 建立合作共赢机制

高校之间需要在多个领域加强合作，真正实现办学资源共享。实现学校之间师资互聘，学分互认，共同申报课题、承担项目、建设重点实验室。不断发展高校间的横向联合，打破地域、人才、科研成果等资源的壁垒，共同形成产学研战略联盟，产生科技、教育、产业间相互促进的共生效应。高校内部院系之间、教师之间通过建立有效的合作、竞争和激励机制，使高校为京津冀区域发展提供高质量的服务。通过有效的合作，不同院校之间共同形成"高校服务社会生态链"。如2011年4月26日，北京、天津、河北三省市签署了《京津冀区域人才合作框架协议书》。三方一致表示，要通过三省市人才开发的政策协调、制度衔接和服务贯通，不断推进人才合作进程，逐步建立京津冀区域的人才信息共享、人才结构互补、人才智力自由流动和人才培养合作新机制，形成统一的人事制度框架、人才市场体系和人才服务体系，最终实现区域内人才的自由流动和优化配置。

3. 建立效能评估机制

"评价研究型大学、普通本科院校和高职高专院校，应当有各自的指标体系，但学生就业率、职业适应能力、用人单位满意率、学生对学校教育教学活动的满意率等，都应当进入高等教育评价体系。"❷ 因此，高校社会服务

---

❶ 吴玫. 高等教育与区域社会互动机制研究[J]. 沧州师范专科学校学报,2009(4):67.

❷ 王瑜珉,汪瑞林. 周济在2005年全国普通高校毕业生就业工作网络视频会上的讲话[N]. 中国教育报,2004(12).

工作应纳入高等教育评价体系中来。京津冀高校应根据自身实际,设计相应的评价指标体系,科学确立高校服务区域发展的影响因子,确定相应的权重,构建规范、有效的服务区域发展的绩效评价指标体系。通过评估,可以有效配置区域整体的教育资源,加强高校改进自身办学效益的紧迫感和竞争力,使高校切实重视科研成果转化的管理与实施,不断加大学科专业调整力度,淘汰不适应经济社会发展需要的专业,瞄准新兴行业,努力形成服务特色,拓展社会服务领域,提高服务层次和水平。

(三) 构建京津冀高等教育资源共享机制

目前,京津冀一体化的鼓励政策力度较低,合作层次不高,除了一些比较小的项目,跨省市的合作项目很少,对区域经济发展带动作用不大。建立高等教育资源共享机制,由学校到社会、由民间到政府、由科技到经济的逐渐融合,是促进区域一体化进程的有效切入点。构建京津冀高等教育资源共享机制,如教学资源共享、科研资源共享、毕业生就业信息互通。河北临近京津,交通便利,然而,便利的交通并没有促进京津对河北的辐射,反而由于京津与河北经济水平的差距,使人才流向京津,出现倒流。人才资源共享机制是河北解决高层次人才短缺的重要手段,应为其他层次的创新型人才建立合理的激励机制,满足其物质与非物质需求,在实现其个人价值的同时促进河北经济发展,同时也能尽量降低成长为高层次人才之后流失的机率。

六、京津冀高等教育合作发展的基本策略

(一) 建立高等教育主管部门协调工作机制

《京津冀教委(厅)就地区高等教育发展达成六项合作意向》(2009 年 11 月)提出建立京津冀高等教育主管部门协调工作机制,定期议定合作方案和工作重点;2009 年 6 月,京津冀晋内蒙古达成教育合作五点共识,为确保华北五省市区教育合作的持续健康运行,将由各地教育行政管理部门主要负

责人组成"华北五省市区教育合作组织",同时各自指定一个处室作为具体办事和联络机构。❶

(二) 确立京津冀高等教育竞争优势

目前我国已经形成了四个一级区域,长三角、珠三角、京津冀和辽中南区域,还有众多的二级区域和三级区域,这些区域的形成为把我国建设成高等教育强国提供了基础和条件。高等教育强国的特征是体系完备、高等教育特色鲜明,不同区域、不同高校之间存在着竞争。因此不同区域不应该千篇一律,而是各有千秋,不同区域的高等教育应该有各自的特色和比较优势。京津冀区域高等教育在我国区域高等教育中具有重要的地位,肩负着建设高等教育强国的重任,应该尽快确立竞争优势,从而形成本区域高等教育的特点。京津冀是全国区域高等教育中普及化程度较高的地区,高水平大学比较集中,研究生教育实力明显,高等职业教育比较发达,这是其优势。

(三) 逐步扩大高等教育发展空间和辐射能力

高等教育的协调发展首先是从形成某些重点学科、某些重点高校开始,然后这些重点学科再向非重点学科辐射,这些重点高校再向非重点高校辐射,带动其他一些关联高校和相关学科专业的发展,重点学科之间、重点高校之间相互影响、相互作用,达到协调发展,从而促使整个区域高等教育发展起来。京津冀高校数量众多,但是参差不齐,既有全国实力最强的清华大学和北京大学,也有一般高校,因而完全可以推动不同层次高校之间建立联系,实行对口帮扶,还可以让重点高校在某些一般院校设立分院,或者把某些系、科设在一般院校,扩大高等教育的发展空间和辐射能力。

---

❶ 帅全锋,高菲.高等教育与京津冀区域协同发展的对策分析[J].石家庄职业技术学院学报,2012(1).

（四）不断完善京津冀高等教育发展机制

目前京津冀不同层次、不同类型、不同科类和不同办学主体的高等教育机构都存在，这些机构之间在转学、转专业、跨校选听课、学分互认、跨校报考、教师校际流动、教学设备和图书资料共享等方面还没有建立有效的沟通和衔接渠道。需要建立一个"立交桥"，建立和完善京津冀区域高等教育的合作发展机制，让京津冀区域不同高校学分互认、自由选课和教学资源共享等。

（五）不断增强京津冀高等教育（特别是高校）发展活力

京津冀高等教育合作发展需要增强高等教育特别是高校的发展活力，高校发展活力来自于高等教育要素富有的活力。为此，要积极培育高等教育要素，包括高等教育理念、思想观念、机制、体制、教育方法和手段、教师和学生等，还有高等教育所必需的资源要素，如师资、课程和教材等都要进行积极的建设和培育。与此同时，还要加强高等教育要素的有机组合，各个要素之间要形成有机联系，不能像一盘散沙。高等教育要素之间组合得好，会促进高等教育整体实力的增强，促进区域高等教育协调发展，增强京津冀高等教育发展活力。

第三节　京津冀区域旅游产业协同发展研究

纵观全球，世界性的统一市场已经形成，其中统一的旅游市场也在迅速扩展，越来越多的国家和地区开始兴办旅游业。中国旅游业也进入了大发展、大扩张时期，已经成为国民经济的战略性支柱产业，越来越受到群众的欢迎和认可。旅游业是非常值得关注的一个行业，一个重要的原因就是旅游业是一个洁净行业，污染很小，非常符合可持续发展和科学发展观的理念。另外一个原因就是旅游资源是客观存在的，虽然也需要一定的投入，但肯定比大型重化工业项目要省力的多，同时在行政体制方面所受约束也小于高新技术产业等支柱产业，行政主体的合作与规划也易于进行，是重要的经济增长点。

一、京津冀区域旅游产业协同发展的意义

旅游资源一体化是指两个或两个以上国家或地区之间消除在旅游资源开发、利用方面的重复建设，统筹规划，本着优势互补、互通有无的原则，制定出适合本区域的、合理共赢的旅游资源开发战略，形成统一的旅游市场，从而促进本区域旅游资源的有效开发和高效利用、旅游业的快速发展以及区域经济的可持续发展。旅游资源一体化是京津冀各地区在旅游业发展上谋求合作共赢的一种途径和方法，北京、天津、河北三地旅游资源丰富，特色明显，如共同开发，合理利用，势必会带来整个区域旅游业乃至经济的迅猛发展。这对于环京津贫困带的发展来说也是十分有利的，因为这里分布着一些旅游资源，相对高科技研发需要的巨额资本投入，旅游资源的开发相对容易，这是当地经济发展的一个突破口。目前天津和河北旅游业的开发还有很大的空间，极具增长潜力。

京津冀地区的旅游资源是非常丰富的。北京是中国的首都，历史上有五个朝代（金、辽、元、明、清）在这里建都，拥有众多名胜古迹以及博物馆、展览馆等旅游景点。2008 年北京奥运会更是给北京旅游业带来了更大的发展契机。从数据上来说，北京有国家文物单位 42 个，市级文物保护单位222 个。天津是近代最早的通商口岸之一，旅游资源以近代文化、街头小吃、民族文化、欧陆古典风情最为著名。河北的旅游资源也非常有特点，这里有海洋、山地、丘陵和平原，地貌特征复杂多样。河北省拥有省级以上文物保护单位 670 处，居全国第一位，其中国家级文物保护单位 88 处，居全国第三位。

京津冀较早地进行了旅游合作，1985 年就成立了京东旅游区，之后联合其他北方省市于 1996 年开始每年一届 "北方旅游交易会"。2004 年，京津冀在廊坊举行的旅游圈合作论坛上初步达成了《区域旅游合作廊坊共识》。主

要内容包括：在区域间建立无障碍旅游合作制度，力求资源共享；建立旅游磋商制度，每年不定期就大家共同关注的问题进行磋商等。这些都是京津冀三地多年来就旅游业发展所进行的有益探索。在区域经济一体化进程加快的背景下，京津冀两市一省逐步实现"规划一张图"，先后签署《京津冀交通一体化合作备忘录》《京津冀旅游合作协议》，借此建立和完善京津冀协商对话机制、协作交流机制、重要信息沟通反馈机制，预示着京津冀一体化正全面加速。区域旅游合作的发展也成为一个值得研究的问题。

二、京津冀区域旅游合作的基础条件

京津冀区域旅游合作成效不明显，并非缺乏合作基础，事实上，京津冀之间实施旅游合作具有优厚的基础条件。

（一）经济社会基础

历史上，京津冀地缘人缘紧密相联，交往密切。京津两地在经济发展上各有所长，北京拥有知识经济等优势，天津拥有加工制造业和海运等优势，两方优势有着很强的互补性。如果强化京津更深层次的合作，将更有利于双方合理分工、优势互补、提升区域的整体竞争力。从第三产业来看，北京有资金、管理方面的政策优势，天津则有物流、仓储、加工、分装等长处，在组织物流上有优势，因此可以把总部设在北京，但仓储等则可设在天津。

（二）区位优势及交通设施基础

京津冀三地交通一体化已建立良好的基础：区域内有35条高速公路和280多条国省干线相连，基本形成了覆盖京津和河北11个设区市的"三小时"都市交通圈；津冀沿海港口设计通过能力7.5亿吨，占全国16％；三省市之间已开通道路客运班线900多条，营运班车2200多部。通过一系列的高速铁路和高速公路的建设，大大促进资源在城市之间更合理的配置。交通一体化可以很快地实现各地的优势互补，为整个经济一体化奠定基础。

京津冀三地地理位置毗邻，京、津两个直辖市被保定、张家口、承德、唐山、廊坊、沧州包围，外有秦皇岛、石家庄、邢台、衡水、邯郸紧密环绕，形成了一个紧密联系的空间网络。北京市中心位于北纬 39 度，东经 116 度，地处华北平原西北边缘，东南距渤海约 150 千米，面积 16807.8 多平方公里，其中平原面积 6390.8 平方公里，占 38％，山区面积 1041.75 平方公里，占 62％，城区面积 87.1 平方公里，近郊区面积 1282.8 平方公里，远郊区面积 3198 平方公里，县的面积 1223.99 方公里。作为我国的首都，北京是中国的政治、文化、金融和国际交往中心，还是北方交通的集散中心，公路线及铁路线十分密集，沿途经过天津市以及河北，进而延伸至全国各地。京沪、京九、京广、京哈、京包、京承几条重要铁路线交汇于此，连接着北京、天津以及河北各城市。天津地处太平洋西岸，我国华北平原东北部，枕河濒海，凭借优越的地理位置和交通条件，天津成为欧亚大陆桥的东部起点，是连接国内外、联系南北方、沟通东西部的重要枢纽，也是邻近内陆国家的重要出海口，正在建设成为国际港口城市。天津地处我国北方黄金海岸线的中部，不仅毗邻首都，还是华北、西北广大地区的出海口，其地理位置十分重要。而对于环抱京津的河北而言，从北京或者天津出发的交通干线都必须要经过河北各城市，其交通发达程度可见一斑。而且京津为河北旅游业发展提供了极其便利的市场和客源，据调查，目前河北入境游客的 80％和国内游客的 40％都来自京津或通过京津中转。京津冀区域间公路交通也呈网状分布，京哈、京港澳、京沪等多条高速公路相互交织，为区域内旅游经济的串联提供了必要的条件。❶ 因此，京津冀三地已经成功构建了比较完备的海陆空立体式交通网络。

（三）　旅游资源基础

从自然和人文旅游资源来看，京津冀三地的旅游资源丰富，且各有特色，

---

❶ 郭岩峰,王晓利.京津冀区域经济一体化发展战略思考[J].特区经济,2011(11):66—67.

具有很强的互补作用。三地拥有世界遗产共 9 处，北京和天津的人文旅游资源具有相对优势，而河北的自然资源较为丰富，形成互补，具备了京津冀旅游资源一体化发展的基础。● 北京拥有旅游景点约 636 处，文化方面相关的如寺庙、故居、博物馆等人文景观约占 81％，人文景观丰富，但山水等准自然观为 123 处，仅占总数的 19％。天津旅游资源以近代文化、街头小吃、民间文化、欧陆古典风情、滨海景观最为著名，同北京恢弘的"大景观"有很强的互补性，可以弥补北京在清新的自然景观和北方风土人情方面的一些不足。而河北山岳、乡村旅游资源丰富，对京津是有利补充，也是区域竞争的特色之一。

北京是我国首都，我国的政治、文化中心，现代国际大都会，中华民族的发祥地之一，建城 3000 多年，建都 800 多年，旅游资源极其丰富，可谓是全国最为丰富的城市之一，拥有人文类景观资源 160 多处、地文类景观 57 处、水文类景观 2 处、气候生物类景观 26 处，对外开放旅游景点达 20 多处，有全国重点文物保护单位 98 处，世界遗产 5 处，国家风景名胜区 2 处，国家级自然保护区 2 个，国家森林公园 5 个，世界地质公园 1 个，国家地质公园 5 个，国家文物单位 42 个，中国首批 5A 级旅游名胜区 4 个。北京最吸引人的景点主要有故宫、天坛、圆明园、长城、世界上最大的城市中心广场（天安门广场）、王府井、人民大会堂、中国历史博物馆、人民英雄纪念碑、毛主席纪念堂、皇家花园北海、皇家园林颐和园、明十三陵、周口店北京人遗址、中央电视塔、国家体育场（鸟巢）、国家游泳中心（水立方）、国家大剧院、曹雪芹故居、世界上最大的四合院恭王府、景色秀丽的香山公园、竹林遍地的紫竹院、环境优雅的玉渊潭等，还有一些久负盛名的宗教建筑，如道教圣地白云观、佛教圣地碧云寺等。北京被国务院确定为国家历史文化名城，被国家旅游局评为"中国优秀旅游城市"。

天津是我国的直辖市，是著名的历史文化名城，其境内有世界遗产 1 处，

● 杨培玉. 城市旅游资源空间整合研究［M］. 北京:海淀走读大学学报,2004(4):65.

国家风景名胜区 1 处，中国首批 5A 级旅游名胜区 2 个，国家级自然保护区 3 个，国家森林公园 1 个，国家地质公园 1 个，市级重点文物保护单位 113 处，区县级重点文物保护单位 100 多处。比较著名的景点有天后宫、玉皇阁、文庙、天主教堂、清真大寺、大悲禅院、广东会馆、霍元甲纪念馆、天津中华医圣文化苑、杨村小世界游乐园、宝成奇石园、华石园、龙泉山游乐园、元古奇石林风景区、华蕴博物馆、武清区南湖游乐园、杨柳青博物馆、石家大院、小站练兵场（袁世凯练兵之地）、大沽口炮台、七里海国家湿地公园以及周恩来青年时代在津革命活动旧址等。1989 年评选出的"津门十景"分别是"天津广播电视塔""大沽口炮台""蓟北雄关""古刹晨钟""三盘暮雨""海河风景线""双城醉月""古文化街""水上公园""外环线"。❶

河北是个旅游资源大省，其境内有世界遗产 3 处，国家风景名胜区 10 处，国家级自然保护区 1 个，中国首批 5A 级旅游名胜区 3 个，国家地质公园 1 个，国家森林公园 23 处，全国重点文物保护单位 168 处，历史文化名城 5 个，国家 5A 级景区 5 处等。另外，河北著名的景点有保定大慈阁、清西陵、直隶总督署、满城汉墓、腰山王氏庄园、定州塔、邯郸赵王城遗址、邯郸丛台，涉县蜗皇宫、涉县一二九师旧址、景州塔（景县舍利塔）、北齐高氏墓群、沧州铁狮子、唐山清东陵、赵州桥、正定隆兴寺、邢台大开元寺、商代邢墟遗址、隆尧大唐祖陵、内邱扁鹊庙等。❷

（四）京津冀区域规划的出台为旅游合作提供了基础

国家发改委起草的《京津冀都市圈等重点区域规划》的出台，大大带动京津冀地区的区域合作，对旅游合作意义重大。京津冀三地发改委对该区域规划的总体思想、产业定位、经济发展主体方向已达成一致，对三地区的主导产业发展、文化教育布局等均有明确表述。

---

❶ 徐文苑. 天津市旅游业发展现状与对策分析[J]. 特区经济,2009(1):61-62.
❷ 张旭. 浅析河北省旅游资源保护与开发[J]. 科技创新导报,2011(26):236.

（五） 政府对旅游业的重视

不管是北京提出建设世界城市，还是天津要打造北方经济中心，都离不开区域的相互协调、分工合作、良性互动。纵观世界城市的发展，也证明了城市发展需要区域甚至国家层面的发展规划，积极培育和扶植经济腹地的发展，因此必须通过建立高位、高效的合作机制，充分延伸北京的空间影响力，构筑良性的城市区域关系。此外，北京将旅游产业定位为"第三产业中的支柱产业"，天津将其定位为"第三产业中的重点产业"。两地都将旅游业放在比较重要的位置，这更为京津两地的合作提供了一个有力的支持，奠定了一个坚实的基础。

三、京津冀区域旅游合作的问题分析

京津冀区域内自然风光、历史文化及民俗风情等旅游资源各具特色，内容丰富，又位于经济发达的区域之一，开发程度比较高，但是整合程度却较低，很多资源重复建设，恶性竞争，极大影响了区域旅游业发展。京津冀地区虽然有着丰富的旅游资源，但在发展过程中也存在一定的不足。如河北旅游业的发展中存在旅游资源较为零散、文化内涵挖掘不够、旅游管理人才缺乏、配套设施不完善等问题。

（一） 合作主体

合作主体多为企业自发行为，协会和政府层次缺失。从上个世纪 80 年代以来，三地的旅游合作一直没有间断，只是这些合作主要是旅游企业自发的行为，是出于本身业务和利益的考虑而进行的，规模小，层次低，随意性强。在政府层面上，在旅游资源整合、重大项目协调、联合促销、产业链形成等方面，没有看到显著的进步。政府并没有真正的介入和推进，而相关协会由于职能没有独立，也难以实现。

（二）合作运行机制

合作运行机制多为市场推进行为，政策协调不够。京津冀区域旅游合作主要是企业间的交易行为，主要依赖企业间的合作。京津冀区域旅游合作起步于北方交易会，河北提出京津冀合作，天津市提出环渤海合作，都没有最终实现。政府合作停留在口号上，没有出台实质性的政策，没有发挥政策的引导作用，没有为企业合作创造更好的环境，缺乏统一的规划，在诸如旅游资源的开发、旅游线路设计方面缺乏大旅游区的概念。

（三）合作利益机制

区域发展不平衡，条块分割的财政体制使得各地必然将本地的利益放在首要位置，为了增加本地的财政收入，造成资源利用、道路交通、企业发展等很多方面的障碍，而区域发展不平衡又加剧了这些障碍。特别对于区域内市场合作来说，河北、天津都希望在北京旅游市场占有更大份额，但是北京对河北、天津却缺乏相应的依赖，这种不平衡使得三地区域旅游合作从一开始就处于一种不平等的位置，不利于区域旅游合作长期和深入的发展。

（四）合作产品基础

京津冀区域作为一个整体，缺乏一个统一的形象，更没有通过北京带动周边区域发展。北京是中国旅游最发达的城市，但很难将河北和天津的旅游资源整合在一起，缺乏区域旅游凝聚力，难于克服屏蔽作用。天津和河北有着丰富的旅游资源，但是却处在北京的阴影之下。如北戴河等海滨旅游资源，也很难和北京都市旅游资源组合在一起，前者以度假为主要功能，后者以观光、商贸为主要功能，二者针对的市场不一样，难以组合进同一旅游产品当中。

（五）区域间旅游业发展不平衡

目前，京津冀都市圈的旅游空间结构可以概括为双核（北京、天津）松散型点轴区域空间结构，主要空间联系是以北京为中心向外辐射的轴向联系，联系松散且薄弱。北京的旅游业一直保持着高水平的发展状态，但天津和河北的发展不如北京景气，旅游资源的开发利用不足，整体的经营效益不高，区域间的带动作用需要增强。除了北京，都市圈内其他城市之间的空间联系比较薄弱。京津二市将河北 11 市分割成南北两半，行政区划所导致的区域空间结构的割裂，使得京津冀都市圈内各地区间的旅游业发展难以协调，行政区划特征明显，严重影响跨区域的城际交流与合作。

（六）缺乏区域旅游形象和旅游产品

拥有了旅游资源不一定就拥有了旅游产品。在旅游业的终端，呈现给游客的是旅游产品和服务，而旅游产品是需要开发和宣传的。京津冀地区尚无具备一定影响力的区域旅游产品，基本上处于散点状态。比如说坝上草原，夏季北京处于三十几度的高温时，那里的气温还不到三十度，气候宜人，对于游客来说是不可多得的景点。

四、京津冀区域旅游合作的策略

针对旅游业发展所存在的问题，应该采取一些有针对性的措施。

（一）整合资源要素，编制区域旅游规划

京津冀三地资源要素各具特点，应该在旅游形象、旅游文化、旅游产品以及人力资源等方面统一运筹，强化整合。这是京津冀地区部分产业所面临的共同问题，必须整合旅游资源，有所侧重，确定发展重点。区域整体旅游形象是对外营销、打造世界级旅游产品的基础。京津冀区域旅游可根据本区域旅游资源及其特色，将京津冀地区整体旅游形象定位为：绚丽多彩的"旅游金三角"，拓展京津冀区域文化旅游资源整合的广度和深度。同时，强化人力资源开发与利用合作，实现人才的跨地区交流，培育一支精通国际旅游业务，并熟知旅游运作的旅游管理队伍。

规划的重点之一就是交通基础设施，以京藏高速作为例证，从张家口到秦皇岛的北戴河的距离大约为 460 公里，道路通畅的情况下路程大约为 5 个小时，但是 2010 年京藏高速堵车改变了这一切。早上 7 点从张家口出发的旅游团晚上 6 点才赶到北戴河，这是游客所无法想象的，如此下去，游客的积极性肯定会受到影响，尤其是区域内跨行政区的旅游线路，所以在交通基础设施方面，京津冀地方政府很有必要进行统一的规划和管理，不论是从理论上还是实践上，这对第三产业的发展具有基础性的作用。针对京津冀旅游交通的薄弱环节，今后应重点改善北京、天津到河北各城市间的交通。通过公路、铁路建设，将北京、天津和河北省各城市之间由点和线组合起来，连成交通网络，使游客在区域内的自由旅行成为现实。京津冀地区的资源是丰富的，包括港口资源和旅游资源，但是把这些资源转变为现实的生产力需要有依托，交通建设是最起码的一个环节。规划的另外一个重点就是树立区域旅游整体形象，进行总体宣传，通过北京的影响力来带动天津和河北地区旅游业的发展，提高整个区域旅游业的效益。

（二）构建市场网络，建立旅游合作制度

京津冀地区现在需要一个权威性的跨地区旅游合作机构。这个机构负责制定政策并监督运行，确保合作稳步进行，开展实质性的工作，避免合作的表面性和形式性。京津区域旅游合作要解决区内市场合作问题，通过互相开放市场，促进区内旅游者和旅游业的资金、资产、人才、知识、管理、品牌等生产要素的自由流动。在旅游宣传促销方面，京津两地要更新宣传促销手段，以经济为纽带实现联合促销、利益共享。政府逐年增加对促销的投入，加大对海外旅游市场的促销力度。三地城市应共同组织赴海内、外客源地开展旅游宣传促销，共同开拓国内外远端旅游市场。

随着网民的逐年增加，网络宣传以及网络交易等越来越普遍且方便。现今社会网络发达程度已经远远超出人们想象，因此网络服务已经成为一项主

要而且便民的方式，开通京津冀旅游官方网站，将之打造成为京津冀旅游信息互动平台，会给游客提供难以想象的便利。京津冀旅游官方网站上要有京津冀旅游景点的详细情况，有最佳的旅游线路供游客选择，游客可以通过官网进行各个旅游线路的网上购票，还可以进行网上咨询，有任何不了解或者不明白的都可以向网站的客服人员进行咨询。在京津冀三地的几个主要交通便利的城市，如北京、天津、唐山、石家庄、秦皇岛、保定、承德等设立旅游专线点，旅游专线点的设立地点、路线及功能要公布到京津冀旅游官方网上，当游客从网上选择好一条旅游专线时，可以到京津冀某个城市的旅游专线点进行现场买票和网络取票，之后从专线点搭乘所选线路的旅游专车，从而可以享受这条线路的一条龙服务。

（三）理顺空间结构，树立旅游资源一体化观念

制定京津旅游发展总体规划，不是从地域均衡的角度，而是从全局发展出发，对产品开发进行合理布局，科学安排开发时序。全面融入环渤海旅游圈中，不仅要将京津冀境内景区有机结合，同时还要与环渤海其他城市密切合作，形成整体优势，实现资源共享、优势互补，全面提升区域旅游产品竞争力，形成门类齐全、内容丰富、特色鲜明、品质上乘的一大批适应国际国内多层次需求的旅游产品系列。

京津冀旅游资源一体化要想顺利进展，离不开三地政府的主导作用。京津冀旅游资源一体化发展需要三地政府的通力合作，需要各地区的资源和政策的共享与整合，需要合理、有效的理论指导，所有的问题都必须依靠三地政府的协商会谈。三地政府要想协商会谈，必须树立合作意识，有了这种意识，才会主动去寻求合作。合作是成功的前提，京津冀三地政府首先必须清楚地了解自己的劣势和对方优势，以及合作的重要性与必要性，从观念上打破行政区划的限制，树立"资源共享，市场共拓，客源互流"的意识和原则，共同协商解决旅游资源一体化过程中的任何问题，进而出台相关的鼓励政策，给予一定资金、人力、资源等支持，这样才能使京津冀旅游资源一体

化得到顺利而有效的发展。

（四）合理规划项目，共同开发、宣传旅游市场

目前，北京位置比较好的地方已经被密集的建筑群所覆盖，再建大型的旅游项目已经不太现实。京津冀三地可以利用滨海新区开发开放的机会，在国家对于滨海新区的定位和战略的基础上，合作开发大型旅游项目。河北可主动承接京津专业产业，大力发展自然生态、乡村民俗等旅游产品，实现主题开发合作。有效的宣传促销不但能扩大旅游的知名度，开拓客源市场，吸引更多的旅游者，而且能吸引更多的投资者来进行投资，促进京津冀一体化旅游开发。

对于如何开发旅游市场，这是区域规划后的第二个实施阶段，也是实质性的运作阶段。在规划之后，会涉及具体开发运作等细节问题，只有解决好这些操作性的问题，所有这些工作才能落在实处，解决这些问题需要处理好开发和宣传的问题。京津冀区域的行政主体单个解决这些问题的能力有限，所以需要三地政府协调、协商、共同解决，共同开发市场，使要素能够自由流通，取消强制性的市场准入壁垒，否则共同开发毫无意义。使要素自由流动就要消除障碍，包括政策障碍、市场障碍、服务障碍等，只有这样才能搭建一个让京津冀各地旅游资源共同开发的平台，从而加强投资领域、人才培养等多方面的合作，统筹发展。

（五）统筹利益相关者需求，建立利益共享机制

在政府联合编制规划的基础上，充分利用资本手段来整合资源，联合开发，集团化经营，扭转旅游发展中各自为战的局面。首先要在重大旅游项目的开发和经营上入手，可以在京津范围内融资，利用资金的纽带把两地联系在一起，实现利益共享；其次，在旅游的经营上，也要创造条件，协调政策，利用资本的手段，打破所有制的界限，充分发挥国家和民营经济的积极性，促进建立跨行政区域的旅游企业，并形成具有竞争力的旅游经营体系。这样

做才能把旅游的"蛋糕"做大，从而实现利益共享，联合和合作才能持久。政府之间可以进行合作，也可以为其他城市的旅游做宣传。由政府出面进行宣传，力度大，可信度强，更易受到游客的欢迎。另外，由政府出面，在京津冀各个城市及其他城市充分利用广告、媒体等手段加以宣传，将京津冀旅游线路、价格、官方网址及官网上的所有信息等公布出来，供有兴趣的游客了解并选择。

（六）打造最佳旅游线路

将京津冀三地的所有旅游景点结合起来，分出最具特色的自然景观、民俗风情、历史文化景观。线路的设计要满足以下条件：一是尽量覆盖北京、天津和河北省三地，实行跨省旅游通畅便利；二是尽量将自然景观、民俗风情、历史文化景观分开搭配，一条线路里既要有自然景观、民俗风情，也要有历史文化景观；三是每条线路都要有个最具特色的成熟旅游产品，以成熟产品带动新生旅游产品，提高新生旅游产品的知名度；四是随机搭配组合，可以由游客自己选择旅游景点，由工作人员进行价格的计算及线路的设计，从而产生新的线路，这样的线路会使人员比较分散，每个景区必须配备多量随机专车，可以让同一景区的游客乘坐同一专车，到达某个景区之后，同下一个景区的游客再一起乘坐其他的专车。总之，京津冀旅游线路的宗旨是一切以游客为便利。

（七）完善交通等基础设施建设

每个旅游景区城市之间必须有发达的交通作为基础，比如承德，其交通就相对很差，从其他城市去承德的铁路等交通不发达，这样就造成了承德旅游业发展上的瓶颈。京津冀旅游资源一体化之后，各个景区之间必须要有畅通的高速公路以便京津冀旅游专车通行，这样游客可以从自己的城市出发，乘坐旅游专车去往景区，可以节省游客的时间，提高旅游效率。当然，完善的交通还应该包括每个景区通往其他城市的铁路、公路、航空等都比较发达。

同时还应该完善景区设施（公厕、垃圾桶、旅游专车等设施）、饭店、旅行社、车船公司、文化娱乐场所的服务，尤其要开发有特色的高档旅游纪念品，加强旅游信息服务系统的基础设施，要尽可能地站在游客的角度去思考、去完善设施，使游客可以在景区享受到所需要的服务。

（八）提供优质服务，打造优质品牌

提供优质服务要从制度上来落实，制定相关管理办法或条例，建立健全有效的管理体系，一切服务都必须要符合制度规定，违反制度规定的要有相应的惩罚，这是保障优质服务的一种强制性措施。品牌是一个产业的生命力，打造出自己的品牌可以说是成功的标志。京津冀旅游资源要想更好地实现一体化，就要提高服务质量，提高旅游形象，真正打造出属于京津冀自己的旅游品牌。京津冀三地各个景区要有属于自己的特色，准确定位自己的旅游特色，要让游客游览结束之后体悟到只有这个景区才能体验到的感受，要做到独一无二，这才是特色，每个景区都有自己的特色，整个旅游线路就成为一条精品旅游线路了，那么整个京津冀旅游才能有较强的吸引力，才能打造出属于自己的品牌。

（九）打造"一卡通"服务，实现跨省无障碍旅游

发展京津冀旅游资源一体化，就要实现旅游资源一条龙服务，努力实现跨省无障碍旅游，这就需要设计"一卡通"门票，"一卡通"代表一卡通到底，原来在单个景点旅游时，去各个景点的来回交通、住宿、吃饭、购物等都需要自己去办，如今有了这张卡，就可以省去麻烦，只需购得"一卡通"门票，就可以享受到"一卡通"服务。游客可以在京津冀旅游官方网站上订购"一卡通"门票，然后到旅游专线点领取，或者直接从各旅游专线点购票，每张"一卡通"门票都代表了特定的旅游线路，根据每张"一卡通"门票安排旅游专车，以及相应的各项服务，游客只需持票在京津冀任何一个固定旅游专线点进行线路的搭乘即可，此"一卡通"就包括了这一线路的所有

交通费、住宿费、伙食费、门票费等，游客可以在购买"一卡通"后无后顾之忧地游览到所选择的最佳旅游线路上的每个景点，真正实现"一票到底"的旅游服务，游客"一卡在手"可以尽情享受京津冀三地的美好风光。"一卡通"上要清楚地标明旅游线路，游客可以选择跟随旅游专线车进行旅游，也可以选择自己根据旅游线路的标识进行自驾游，只要有"一卡通"，游客就可以任意游览"一卡通"包含的所有旅游景点，线路也可以自主设计。总之，通过"一卡通"的发行，实现跨省市无障碍旅游，将在很大程度上提升区域旅游资源的整体竞争力，以及社会效益和经济效益。

第四节　京津冀区域人才合作发展研究

近年来，京津冀三地积极开展人才资源合作，区域整体人才竞争优势不断提升，为京津冀地区的协调发展提供了坚强的人才支撑。但是，与长三角地区、珠三角地区的人才一体化程度相比较，京津冀区域人才合作还存在较大差距，无法满足京津冀区域发展对人才的客观需要。研究探索进一步推进京津冀区域人才一体化的政策措施，具有重要的理论和现实意义。

一、京津冀区域人才合作发展存在的主要问题

京津冀三地一系列合作协议的落实情况不尽如人意，其中一个重要原因是缺乏合作动力机制。三地均存在对合作引发本区域人才"流失"的担忧，特别是发达程度相对较低的河北，更为严重。首先，各部门合作层次不高，统筹协调力度不够。其次，合作领域较为局限，有待进一步拓宽。区域人才合作需要多领域、全方位地推进。再次，政策衔接不通畅，人才市场相对分割。最后，合作动力机制缺乏，合作积极性不高。

二、推进京津冀区域人才合作的战略

推进京津冀区域人才一体化的战略路径，即进一步加强区域人才统筹谋

划、整合区域人才优势资源、建设区域人才大市场、建立区域人才合作动力机制。

（一） 统筹协调区域人才发展

1. 研究制定区域性人才资源战略规划：通过区域人才战略规划的制定，从国家战略高度统筹考虑区域人才发展，明确区域人才发展的总体目标和方向。确立京津冀三地各自的人才重点领域，加强三地间人才发展的分工协作。

2. 加快建立区域人才合作协调机构：一是三地相关部门联合成立联席会议，负责协商决定重大问题，组织实施重大项目，监督合作项目执行情况，评估工作质量和效果。二是建立会议制度，定期交流人才工作进展情况，研究部署区域人才合作事宜。三是建立区域人才工作信息互通制度，互相通报人才工作的最新政策、重要举措、重大活动等相关信息。

（二） 建立优势互补的区域人才资源开发模式

1. 合作建设人才发展载体和平台

一是建立开发区（园区）人才合作联盟，推进京津冀三地开发区（园区）之间的项目合作与对接，加速形成京津冀互通互联的人才集群网络。二是定期举办合作洽谈会，联合三地产业相关部门，每年定期举办大型项目推介会、洽谈会。三是研究制定面向京津冀三地合作项目的特殊优惠政策和措施，引导人才资源在区域内实现优化配置。

2. 合作开发重点领域人才资源

一是建设人才合作培养基地，共同建设一批相互开放的大学毕业生实习基地、技能人才实训基地、党政人才培训基地，实现三地优质教育培训资源的共享。二是启动实施人才计划，加强区域间重点领域的人才交流。三是建立高端人才"智慧库"，加强三地高层次人才的交流合作，发挥三地高层次人才在知识创新、成果转化、产业培育、政策咨询等方面的作用。四是建立中青年党政干部异地互派制度，加强三地党政人才的交流培养。五是启动三地高校人才直通车，支持和鼓励高校教师从事跨区域的咨询、讲学活动，高校科研人员跨区域的科研合作、科研成果的异地转化。

3. 合作共享海外高层次人才

一是共享海外人才联络站。通过共建共享海外人才联络站或工作站，搭建起海外引才引智的合作平台，降低海外高层次人才引进工作成本。二是举办"京津冀国际人才交流洽谈会"，共同打造京津冀高端人才引进的整体品牌形象。三是联合组团赴海外招聘，邀请海外高层次人才到京津冀三地进行考察。四是共享海外高层次人才信息资源，加快推进京津冀三地海外高层次人才信息库的对接共享。

（三）建立政策互通的区域人才公共服务体系

1. 合作推进区域人才大市场建设

一是建设人才资源信息共享平台。建立三地人才信息交流渠道，联合发布区域人才供求信息，实现人才信息资源共享。二是联合举办人才招聘会。三是推动专业技术资格和职业资格互认。四是推进人事人才服务合作。五是加强人事争议仲裁合作。制定和完善人事争议仲裁政策规定，逐步形成统一的人事争议仲裁制度框架。

2. 合作推进人才公共服务政策创新

为消除教育、医疗、社会保障等社会公共服务对区域人才流动的限制，必须按照分层分类的原则，逐步推进三地基本社会公共服务的对接。

（四）建立成果互惠的区域人才合作机制

1. 探索建立区域人才合作成果共享机制

合作成果共享是充分调动各地区、各部门积极参与区域人才合作的关键，是区域人才合作的动力之源。一是探索建立区域人才合作项目利益分享机制。二是探索建立"京津冀区域人才合作基金"，用于京津冀三地人才的合作开发培养、高端人才引进、支持人才创新创业等。

2. 探索建立区域人才合作利益补偿机制

为了充分调动用人单位在区域人才合作交流中的积极性和主动性，除了树立它们的大局意识，更重要的是建立相应的利益补偿机制。三地政府部门应统筹考虑，对积极参与区域间人才合作交流的单位给予支持和鼓励，在人员配置、职称评定、经费保障等方面给予照顾。

三、京津冀区域人才的培养与发展

京津冀区域高校云集，为区域发展提供了源源不断的人才保障。目前，高校发展还存在一些问题，制约了为社会输送优秀人才，以大学生心理健康问题与高校毕业生就业问题最为突出。

（一）大学生心理健康问题

目前，我国大学生的心理健康问题日益凸显。一段时间以来，大学生出问题的报道频频见诸各类媒体。大学生心理健康越来越受到社会的关注，严重性不容忽视。社会与家庭必须加以重视和引导，帮助大学生拥有阳光般明媚的健康心态。[1]

1. 加强大学生心理健康维护的重要性

大学生是京津冀区域人才的后备军，他们的知识水平、创新能力、身体条件和心理素质，直接关系到区域的发展。所以加强大学生心理健康教育，提高他们的心理健康水平，是每所院校、每个教育工作者的职责。我们不仅仅要让他们拥有一个快乐、幸福的青年时代，同时，也要为学生的身心健康打下良好的基础。提高其心理承受力，让他们拥有正确的价值观和世界观，使得他们离开学校进入工作的时候，成为一个人格、心理、专业技能都完善的人。

（1）心理健康状况关系到大学生自身的健康成长

心理健康问题在大学生行动上表现出来的症状是：抑郁；时常感到非常

---

[1] 魏勃,周丽晖. 关爱天之骄子[J]. 中国统计,2011(1).

苦恼、焦虑，学习不能进入状态；压抑、沮丧、没精打采，什么活动都懒于参加，做什么事情都觉得没有意义，没理由的逃避，而在实际生活中表现为自卑、傲慢，不能合理恰当地应对生活中的挫折和矛盾，有时候面对一些生活琐事甚至会萌发一些极端的想法。其中学习不适，交往不当和情感失衡为当代大学生的普遍心理问题。

心理健康教育是提高大学生心理素质的重要途径。有关研究表明，通过心理健康教育，能显著提高学生的洞察力和心理保健意识，帮助学生解决学习、人际交往、婚恋、生活适应等问题。欲成才，先成人，只有时刻保持健康心理状态，才能全身心的投入到学习工作中，才能以良好的心理素质迎接未来的挑战，为国家的富强、人民的幸福奉献自己的青春，实现自己的价值。

（2）大学阶段是人生最关键的阶段

大学对每个大学生而言都是人生的一次重要转折点，从对大学满怀憧憬到慢慢适应大学生活，这个过程不可能是一帆风顺的，中间会遇到很多问题和挫折，但是，也是因为这些经历，才能得到成长，得到历练。大学生是京津冀区域人才的储备军，他们的心理健康水平会直接导致区域的发展水平。四年时间，每个大学生均要学习20多本教科书，任务艰巨，且要求非常高，面对如此大的学业压力，很多同学常常选择应付或者逃避。而市场经济又要求大学生具有很强的适应性，社会对大学生的要求又非常高，不仅是对能力的要求，也是对素质的要求。在这样的情况之下，不能自我调节的同学会感到无所适从，浑浑噩噩的度过最宝贵的大学阶段。这就要求心理工作者要认真负责了解大学生的心理健康状态，为大学生缓解心理压力提供专业指导。

一位心理学家说过："青年初期最宝贵的心理成果是发现自己的内心世界。"而大学生作为特殊的群体，普遍存在各种心理问题，而且有心理问题同学所占的比例也越来越大。这些心理问题严重得影响了大学生的学习与生活。据一项对大学生的调查结果显示，大学生心理困扰主要表现为：

（1）焦虑心理。学习成绩差的学生担心自己能不能如期毕业，能不能找到工作，成绩优秀的学生又担心自己能不能找到一个好的、与自己专业相对口、福利待遇高有发展潜力的工作，加上现阶段工作职位相对饱和，要想找到好工作唯一的办法就是继续深造，这就无形中又增加了大学生的心理压力。

（2）自负心理。很多学生参加了学生会，错误的以为自己高人一等，还有的同学觉得自己学习成绩好，总是瞧不起学习成绩差的同学。

（3）自卑心理。一些学生性格内向，不善言辞，成绩也很一般，一般也不敢向用人单位推荐自己，觉得自己不如别人，和别人比一点竞争力也没有，这种自卑心理会让他们错失很多机会。

（4）怯懦心理。很多大学生平时少言寡语，在面试时也把之前准备好的资料忘得一干二净，这些行为往往无法发挥出自己的正常水平。

（5）依赖心理。有一部分学生，习惯依附着自己的家庭地位，不考虑就业的压力，平时的学习中也是马马虎虎，如果不及时纠正其价值观，就算以后能找到好的工作，也很难担负起工作的职责。

（6）冷漠心理。在平时的考试和毕业面试的期间，很多人会觉得社会不公平，为什么自己比他人更努力，别人成功了，自己却失败了，如果这种观念不纠正，学生就会产生一种冷漠心理，对未来不抱希望，成天不思进取，情绪低落，情感冷漠。他们还会听天由命，不再像以前一样努力，失去努力的积极性。

2. 大学生心理健康维护的方法

要帮助学生勇敢的面对自己的心理问题，有则改之，无则加勉。只有心理健康了，才能达到真正的自我完善，实现自己的人生价值。具体而言，应该做到以下几个方面：

（1）完善人格，提高承受挫折的能力

帮助大学生树立正确的人生观、价值观和择业观。想拥有完善的人格首先要能正确地认识自我和接受自我，培养赞美自己的习惯，所谓的接受自我，首先要认识到自己的不足，其次也要认识自我的优势，扬长避短，不断优化自我。而在心理承受能力方面，就要敢于尝试，不怕失败，用最理性的方法应对最复杂的问题，在平时的学习和生活中要引导大学生以正面人物为榜样，学习他们的价值观和世界观，并把其融入到自己的一言一行之中。

（2）普及心理学知识，保持心理健康

在学业课程中增加心理健康教育，成立学校心理咨询中心，由专业的老师负责指导，定期为学生进行心理健康的宣传，鼓励学生参加心理健康维护，每个班级选举一名心理委员，随时了解大家的心理动态。还可适当培养大学生的业余爱好，如读书、听音乐、练字画等有益于身心健康的活动。通过广播、宣传栏等工具让大家了解心理健康的重要性，成立学生心理卫生协会，一方面有利于心理健康知识的宣传普及，及时发现学生中存在的心理问题；另一方面可为大学生提供更多的实践机会，进行相应的个案心理分析，更好地理解掌握运用课堂所学的心理学知识。

（3）确立目标，规划未来

帮助学生做好自己的人生规划，不仅要有长远的计划，还要有近期的的计划，一步一个脚印的完成，不求快，也不拖泥带水，如果没有这个系统的规划，大学生的大学生活将会没有目的，没有方向，这也是最危险的。重视发展个人，群体咨询，有针对性的、根据不同年龄段心理状况进行分层次的心理健康教育。学校的心理健康教育应该立足于提高学生心理素质，增强心理应对能力，预防心理疾病方面，其中预防心理疾病是工作重点。

（4）逐步融入良好的集体氛围

在高校完善心理健康教育机制的前提下，引导学生学会运用它们，有问题不能自己一个人承担，利用自己的人际关系，适时调整自己，向老师，朋友倾诉自己的心理问题。学校方面，一定要提高对心理健康教育的重视程度，引进专业的心理工作者，完善心理教育的硬件和软件措施，把心理健康教育融入到日常生活和课堂中。在大学校园中营造宽松的心理氛围，建立良好的班风，学风和校风，消除不良文化的影响，逐步形成积极向上的校园文化，达到人人重视自身心理健康的良好氛围。

（5）多种心理健康维护形式相结合

大学生心理健康维护的形式多种多样，从总体方面主要分为课内讲授和课外宣传指导两种途径。通过课堂讲授，可以让学生掌握心理学的基本知识、基本理论，而通过课外宣传指导，可以解决大学生个人的心理健康问题，提高学生对心理健康的认识和应用水平。其中，专业的心理咨询、电话咨询、网络咨询效果最佳。这两种途径相结合能对大学生心理问题起到良好的预防、训练、提高作用。同时，要注重学校的文化建设，要注重学生德智体美劳的全方面发展。适度参加运动，"生命在于运动"，现在的大学生普遍忽视运动，等到生病才意识到平时运动的重要性。

（6）心理健康教育与德育教育有机结合

心理健康教育是道德教育的重要组成部分，也是道德教育的基础，只有良好的心理水平才能拥有良好的道德素质。两者拥有很多相同的教育渠道和最终目标，它们都是以讲授、学习和内化为主，以培养全面健康发展的学生为最终目标。两者之间也有区别，其中心理健康教育主要对学生的个性、情感、人格发展形成良好的心理素质充分发挥其心理潜能，而思想品德教育主要培养学生正确的人生观、世界观和价值观。因此，在实际教育工作中，要将二者有机结合起来，形成互补，才能使学生教育工作卓有成效。当然，在结合的过程中，要注意区分思想问题和心理问题，并采用不同的方法解决。

3. 针对不同年级大学生的心理问题采取相应的对策

（1）对大一新生应该进行适应新环境的教育

大学生刚进入大学会参加为期一个月的军训，这可以磨练新生的意志力，让他们在以后的学习和生活中不因为小事而气馁，坚持完成自己制订的计划。在军训的同时，可以进行道德和心理教育，组织大二大三的师哥师姐给他们讲授经验，让新生说出自己的焦虑与困惑，了解他们的内心思想现状，告诉他们有心理问题要及时和心理辅导老师沟通，让他们感受到老师、同学、学长的关怀，消除内心孤独感。有一点要特别注意，就是要让他们制定自己的学习计划和目标，不能浑浑噩噩的度过大一。

（2）对大二、大三年级学生要加强实践能力的培养

实践能力的培养不能只靠实习期间，理论和实践的交替学习更有助于大学生专业技能的培养。具体而言，首先要培养他们正确的学习风气和学习习惯，不能只注重专业的学习，重要的是全方面的发展，尤其在心理问题这一方面。对于有困难的同学，大家不能冷眼旁观，要互帮互助共同进步。其次要鼓励同学融入集体生活，培养集体荣誉感，让他们学会合理地处理个人利益和集体利益的冲突。大学是一个集体的生活，有各种各样的社团活动，我们应该鼓励学生们发展自己的兴趣爱好，在紧张的学习之余学会自我放松。同时，也要鼓励同学们多参加社会实践活动，这不仅可以锻炼自己的技术，更能学会如何与人进行沟通。最后，要帮助学生树立正确的价值观、世界观和恋爱观，多开展相关的心理辅导讲座，对于正在谈或者准备谈恋爱的学生，要进行正面教育，教会他们应对恋爱中常见的问题，有必要时进行一对一的心理辅导，避免学生因为恋爱问题走上不归路。

（3）对应届毕业生更多的是进行求职、就业的教育

大四是一个毕业过渡期，学生大多在见习和实习，心理辅导者应该针对毕业生心理，对工作焦虑、自卑、恐惧等心理问题进行辅导，及时了解毕业生的心理动态。在学术方面，要认真负责地进行实习指导，还要进行相应的毕业指导，给予学生尽可能多的指导与帮助，开设有关的就业指导讲座，模拟现场招聘，及时提供就业信息，指导他们如何投简历，如何应对面试，如何科学地选择自己的职业等。引导学生树立正确的工作价值观，应该结合自己的专业与社会需求，到最需要的岗位上去实现自己的人生价值。总之，作为思想政治教育工作者，应该在工作中做到因材施教，找准工作的切入点，做到有的放矢，让所有的学生都能正确有效地进行毕业选择，实现个人价值。

（二）高校毕业生就业问题❶

高校毕业生是国家宝贵的人力资源，是社会主义现代化建设的中坚力量，

---

❶ 谢辉. 高校毕业生就业问题的法律保障[J]. 理论月刊,2012(11).

是民族的希望、祖国的未来。高校毕业生的就业状况关系到我国高等教育事业的持续健康发展，也关系到和谐社会的构建大局。十多年来，我国各所高校大面积扩招，招生人数每年递增六七十万，毕业生失业人数也在逐年增加。如果失业人数逐年叠加，失业人群将是一个庞大的数字。逐年递增的就业人数引发了越来越大的就业压力，已有的政策规定已不能解决越来越多的毕业生就业问题。

纵观当今世界各国，立法是促进就业最为普遍，也最为重要的手段，许多国家都为促进就业进行了专门的立法规定。❶ 在我国，对于就业问题的研究起步比较晚，而对于高校毕业生就业问题的研究则更晚，从现有的文献资料来看，也只有十年左右的时间，研究内容又多集中在就业现状、就业观念、就业技巧、就业困难的原因分析、就业具体权益的侵害及其保护等方面。《中华人民共和国就业促进法》已于2008年1月1日起施行，该法对如何促进高校毕业生就业工作做出了具体规定，但该法也有一定的局限性。为了更好地配合该法的施行，应从以下几方面完善法律保障体系，逐步形成政府、用人单位、高校、毕业生"四位一体"的高校毕业生就业促进机制。

1. 充分发挥政府的宏观调控职能

《就业促进法》没有规定国家应加强对高校毕业生就业问题的宏观调控，也没有涉及政府对有关高校毕业生就业信息的发布、应聘、签约等方面的问题。政府应当发挥宏观调控职能，从总体上把握高校毕业生的就业问题。

（1）大力发展经济，培育更多的就业岗位

高校毕业生就业难问题，并非是社会对高学历人才的需求已达饱和状态，而是经济发展程度不高，城乡发展不均衡，导致吸纳毕业生的能力有限。就业问题的解决根本上要靠经济发展，经济发展和充分就业是相辅相成的，经济繁荣是实现就业的重要前提，发达的经济有利于吸纳人才并促进人才的成长，毕业生充分就业又反过来促进经济的繁荣发展。政府要把扩大就业作为

---

❶　王萌. 美国、日本、德国在大学毕业生就业中政府作为的研究[J]. 科技信息（学术研究），2008(5)。

社会发展的重要目标，以经济发展扩展就业渠道。

（2）完善高校毕业生就业的法律法规

政府要补充并完善一套公开公平、切实有效的就业法律法规，逐步构建较为完善的就业法律体系，包括保障就业、促进就业、防止失业、扩大就业渠道、反就业歧视等。政府不仅要对政府各部门及相关机构的责任进行明确划分，而且应当用法律形式把高校、用人单位、毕业生三方面的责、权、利明确固定下来。具体内容可包含就业指导与服务、就业援助、就业权利、就业方式、就业范围、就业程序、就业手续、各方承担的责任、违反法律法规的制裁措施以及就业纠纷的解决制度等，以确保用人单位和毕业生的合法权利。

（3）落实高校毕业生就业政策

政府要加快毕业生就业政策的落实，建立以市场为导向、政府宏观调控、学校指导服务、学生与用人单位双向选择的科学就业机制。政府应通过制定切实有效的优惠措施鼓励高校毕业生到农村和欠发达地区建功立业，制定并落实基层薪酬补贴制度，鼓励毕业生到基层、中小企业和非公有制经济组织就业，努力营造优厚的就业环境；还可通过扶持性的创业政策激励毕业生去创业，对自主创业的毕业生在审批、贷款、登记、税收等方面给予优惠待遇，扩大高校毕业生就业的主渠道。

（4）建立高校毕业生就业的社会保障制度

政府应当建立高校毕业生失业、待业保障制度，加强毕业生职业教育培训，提供就业援助，以解决毕业生的后顾之忧，提高其就业能力。建议采取财政拨款和学生交纳失业保障金相结合的方式，学生从入学开始就交纳一定数额的失业保险基金，由劳动保障部门将其纳入失业保障管理体系。❶ 各级人才交流服务机构、公共职介机构要主动为毕业生提供就业信息服务，免费提供职业指导、职业介绍等服务。对毕业半年后仍未就业的毕业生提供免费的职业培训，学生在职业培训期间可持学校证明到入学前

---

❶ 韩桂君，刘金：和谐社会视野下对就业促进法之审视[J]. 法学评论，2008（3）.

户籍所在城市或县级劳动保障部门办理失业登记，当地政府应给予其一定的生活补助。

2. 确立用人单位的法律主体地位，积极为毕业生搭建就业平台

如果将高校毕业生比喻为"人才产品"的话，那么这些"人才产品"最终是要输往用人单位。"人才产品"质量的好与坏，关系到用人单位的发展壮大。用人单位应改变以前接受既已成形的"人才产品"的被动状态，而改为主动地去打造"人才产品"。这样看来，培养高校学生既是用人单位的权利也是用人单位的义务，应该确立用人单位的法律主体地位。

（1）用人单位实行"定单式培养"高校学生

德国和韩国鼓励企业办学的做法，给我们带来一些启示。❶ 高等院校的未来发展趋势是要突出办学特色，实施"定单式教育"，建立学科-专业-产业链，走产、学、研相结合的办学之路。只有这样，高校才能摆脱传统教育"重理论、轻实践"的弊端，从根本上解决毕业生的就业出路。用人单位在"定单式培养"高校学生中起着关键性的作用，应发挥其应有的作用，实现互赢。目前，我国部分经济发达地区已经形成了一些有效的模式，如将高等教育的学科、专业发展与地方产业的发展结合起来，实现学科、专业链与产业链对接，这已经成为高校服务经济社会的有效途径。❷

（2）用人单位要科学合理使用人才

首先，用人单位要实事求是、多渠道地向毕业生提供人才需求信息，增进学生对用人单位的了解，消除就业歧视，为毕业生创造公平的就业机会。其次，用人单位应重视人才，积极吸纳适合本单位专业工作，又能发挥最佳才能的高校毕业生就业。既可以有计划地发展针对毕业生的岗前职业培训，提高学生的动手操作能力和实践专业技能，有效缩短高校毕业生与用人单位实际需求之间的差距。也可以在高校的相应专业设立主要实习基地，有针对性地培养学生，有的放矢地寻求适合自己单位发展的人才。

---

❶ 川余国林. 国外促进大学生就业的政策措施及对我国的启示[J]. 教育探索,2009(8).
❷ 胡赤弟. 论区域高等教育中学科—专业—产业链的构建[J]. 教育研究,2009(6).

（3）为高校学生提供实习机会

职业培训应当作为促进高校毕业生就业工作的着力点。用人单位应该积极与高校配合，提供高校学生就业实践的条件和更多的实习机会，广泛开展高校学生职业教育与培训，促进大学生提高职业技能。目前，我国许多高校学生的实习、见习流于形式，有些是联系不到对口的实习单位，有些则是对口实习基地缺乏，还有些是对实习和见习不重视，使学生失去了锻炼和实践的机会，这样势必会造成学生的动手实践能力差。因此，用人单位应多提供学生接触社会和动手实践的机会。

3. 明确高校在培养学生中的法律责任，重新定位

既然生产出假冒伪劣产品的企业要承担应有的法律责任，那么培养出不能适应社会要求与经济发展的学生，高校承担应有的法律责任也是理所应当的。因此，应该确立高校在培养学生过程中的法律主体地位。

（1）将毕业生就业情况作为高校重要的评估指标

高校必须转变办学理念，注重培养学生的实践能力和创新精神，重视毕业生的就业率。不能单纯以教书育人作为自己的责任，摒弃一旦学生毕业离校就万事大吉的思想。教育部高等教育评估中心除了评估高校的教育教学水平外，更应关注学校的专业设置能否适应社会，课程安排是否科学合理，学校对学生就业工作的投入力度如何，毕业生能不能充分就业，每届学生的毕业情况及流向如何，以此作为考核高校是否达标的重要条件。

（2）调整学科专业结构，重视培养实践技能

高校的专业设置、课程安排要充分考虑市场的需求，以用人单位为导向。采取专业招生与毕业生就业率适度挂钩，逐步实现以就业需求为导向的人才培养机制。近几年，毕业生工作经验不足，是影响世界各国高校毕业生成功就业的一大因素，很多国家通过增加学生实践机会，提高学生的就业率。我们的高校也要为在校大学生努力创造条件，注重培养其实践技能，引导其积极参加社会实践，增加大学生的实践机会和职业能力。

（3）重视职业规划教育与创业教育

应该将职业规划教育贯穿于高等教育的全过程，并配置专门的就业指导员，指导学生树立正确的职业观。在学生中广泛开展职业生涯教育，推广在学校期间的就业体验制度。另外，可以将创业教育的内容融入到学生职业生涯规划中，使得二者成为一个有机的整体。通过创业教育提高毕业生的就业能力，激发学生的创业热情，以创业带动就业，毕业生的创业不仅能够带动更多的学生去积极创业，更重要的是能带来新的就业机会。

（4）加强与用人单位合作，达到双赢的目标

高校的人才培养方案应以用人单位为发展导向，及时了解用人单位对毕业生的需求信息。高校可以通过建立实习基地、校企联合培养人才等途径和方式，加强与用人单位的合作与联系，建立高校与用人单位之间的信息反馈机制，使毕业生增加就业机会，而用人单位也能录用自己理想的员工。比如成立"订单实训"培养基地，与用人单位签订人才培养协议，学生利用空余时间到用人单位实习，经用人单位考核合格的学生，毕业后可直接到用人单位工作，从而达到双赢的目的，最终实现毕业生充分就业。

4. 高校学生应树立正确的就业观念

假如把高校毕业生就业工作比作一场战役的话，在这场战役中，政府负责提供武装，用人单位是目标，高等院校是训练场，而真正的主角战士则是学生。只有学生自己的努力与能力才是最重要的，高校学生应该提高自己的能力，把握机会。

（1）尽早树立职业目标，勇于接受挑战

许多学生在进入高校后，没有了高考的压力与考取大学的理想，反而失去了人生的坐标与目标。高校学生应尽早地进行职业生涯规划，树立理想的职业目标，并擅于创造机会去锻炼自己，切实地为之奋斗。应提前做好面对残酷就业竞争现实的心理准备，勇于接受挑战、增强自身的竞争实力，积极面对竞争。在困难与挫折面前，要保持良好的心态，不要退缩，更不可一蹶不振，应客观分析失败的原因，调整好心态，重新定位职业目标，鼓起勇气，

争取更多更好的就业机会。

(2) 选择不同的就业渠道，积极把握就业机会

在市场经济条件下，传统的就业渠道变窄了，国有企业、国家机关不再是唯一的渠道，多种非公有制经济对大学生的需求正在迅速增加，在中小企业、中小城市和乡镇还大有用武之地。❶就业是自己的终身事业，高校毕业生应摆正位置，发挥自己的主观能动性，积极把握就业机会，只要是能锻炼自己的平台，就要珍惜并把握机会。

(3) 主动到基层去锻炼，并积极进行自主创业

高校毕业生应调整就业期望值，合理定位，树立全方位、多渠道的就业观，积极主动到基层、农村和艰苦地方就业，树立不断进取的职业流动理念，并善于在流动中把握机会、认识自我、提升自我。由于新增加的工作岗位远远不能满足新增大学生的就业需求，大学生自主创业已是世界各国的共识。创业是就业的更高形式，高校学生应勇敢地进行自主创业，建立大学生创业社团、大学生创业宣讲会，学习成功创业的范例和典型，勇于尝试创业，敢于投身创业实践活动，贴近创业实际需要。

第五节 京津冀区域内城市集群发展研究

从全球化的趋势来看，目前国家之间的竞争已经不再是单个城市之间的竞争，而发展成为城市集群之间的竞争，更多的表现为以城市群为中心，开展多方面的竞争。从我国的发展趋势来看，城市群正逐渐深入，城市群作为一种新的城市空间组合形态，正逐渐成为我国区域经济发展新的经济增长方式和新的空间组织形式。由于城市群的发展关乎我国经济，所以城市群的发展还是需要政府的协调机制。由于城市群是许多大城市和中小城市逐渐扩张甚至连接而形成的多核市场关系，地方政府之间必须加强协调。

---

❶ 季学军. 大学生法规认知报告. 中国成人教育,2008(11).

一、理论基础

城市集群是指许多大都市和城市在发展中逐渐扩张甚至彼此连接而形成的多核城市体系。表现为占地面积大、人口稠密、经济发达、交通方便、彼此联系密切的城市群，是现代城市形态的一种新类型。我国的城市群正处于形成初期，其一体化发展更多地依赖于城市。

形成大城市集群区的原因主要有两个方面：按地理位置来划分，目前中纬度平原地带、河海口沿岸、大湖泊岸是城市集群分布较广的地方，因为这些地方城市及城市间的交通比较完善，为城市的集群发展提供了良好的条件。按城市化程度和中小城市的兴起来进行划分，世界上的大城市集群均由特大城市和中小城市组成，由于新出现的城市和许多卫星城市在大中城市之间不断涌出，所以集群区城市的数目不断扩大，并且这些城市之间通过各种方式相互联系和衔接，从而初步形成了集群化大城市的格局。

政府的运行职能主要有五项，即计划、组织、指挥、协调和控制。政府的计划只能是组织、指挥、协调和控制的前提，组织职能是对计划执行情况的分工，指挥是为了实现计划目标的适时法令调度，协调是一切工作都要和谐地配合从而保障计划目标的实现，控制是对计划情况的及时纠错。政府的协调职能就是公共组织内部和外部之间、各项公共管理活动之间及公共管理活动资源之间和谐的配合，这样做是为了各项工作计划和目标能够顺利的进行。

二、政府协调城市群发展的必要性

（一）发展带来的相关问题与冲突需要政府协调解决

京津冀城市群发展会带来很多问题，原来的行政区域内社会公共问题出现，区域间相互渗透、相互交叉、不可分割。例如京津冀区域内的环境污染治理问题、流域治理问题，而这些问题一般是比较难于解决的，需要花费大量的人力、物力和财力，很难由区域内的某一地方政府单独解决，因此京津冀城市群发展需要政府的协调。根据区域经济学理论，在城市群中，中心城市与大中小城市及其经济腹地之间分工与合作密切，各自承担不同的社会经济职能。中心城市的辐射影响范围会超越城市自身，从而使得城市群的空间地域范围跨越现有行政区域，行政区域与经济区域界线的不统一必然导致行政要素和经济要素的冲突。

（二）弥补市场失灵的需要

要实现京津冀城市发展，只依靠市场经济的市场配置作用是不够的，为了实现京津冀城市的协调发展，政府加以协调控制是必要的。市场机制自身固有的缺陷需要政府调节。建立京津冀城市集群发展必须发挥市场机制的资源配置基础，这是毫无疑问的。但是市场机制本身存在缺陷，如市场机制纵容了企业以利益为中心，强调了个人利益为重，忽视了社会利益、集体利益；注重企业的短期利益，忽略了企业的长期利益和企业的宏观利益，只注重企业盈利，而没有想到保护环境等。建立京津冀城市集群就是把京津冀作为一个整体，通过统一规划和协调，使其形成产业布局合理，结构优化、设施完善、环境优美的经济区，实现京津冀经济快速发展的目标。

（三）政府协调促成城市间的科学竞争

城市群内的城市应根据各自生产要素的差异选择具有比较优势的产业作为主导产业。但目前我国城市群内一些城市在选择主导产业时不切实际，例如珠三角城市群有过半的城市将高新技术产业作为自己的主导产业，这往往导致城市群内同构现象严重。城市群的政府之间必须进行协调，加强合作意识，才能使各城市认识到各自正确的城市定位，形成错位竞争。

从国外现代市场经济的发展来看，如美国硅谷的发展历程，只依靠市场经济是不够的，在硅谷的发展过程中，政府协调也起了很大的作用。从国内已经初具规模的长三角和珠三角经济区域来看，市场这只"看不见的手"发挥着市场资源有效配置的作用，政府协调这只"有形的手"起着促进产业以合理、公平、高效的方式进行竞争。

（四）制度经济学和博弈论是城市群发展需要政府协调的理论依据

根据博弈论对制度的解释，合作制度是由参与者的策略互动而内生的，合作制度必须针对利益冲突，通过参与者自愿、平等和充分的磋商，最后形成制度规章。整个合作制度实施以后，参与各方的整体收益大体上应该是均衡的。从这个意义上来说，城市群内各城市进行交流与合作就需要地方政府之间进行有效磋商，从而形成一种合作机制，以实现群体利益最大化。

（五）京津冀现行体制条件需要政府协调

京津冀区域经过了十几年的改革开放，旧有的体制仍然存在，在廊坊尤为明显，表现为政企不分，这些矛盾都会阻碍京津冀城市集群发展。北京是我国的首都，经济发展比较迅速，是全国经济的核心；天津是沿海而建的直辖市，对外贸易繁荣；而河北经济发展缓慢，和北京、天津相比没有发展的绝对优势；京津冀城市发展需要政府来协调他们之间的这种不平衡。

三、政府在协调京津冀城市集群发展中的作用

（一）有利于建立京津冀城市统一的大市场，实现专业化分工

我国是社会主义市场经济，以自由的市场经济为基础充分实现资源配置，京津冀城市集群发展正是充分实现资源配置的有效途径。京津冀城市集群发展将有利地推动统一市场的形成，符合我国社会主义市场经济发展的客观要求。大市场为实现专业化分工和协调发展提供了前提条件，"市场容量限制劳动分工"这一著名的"斯密定理"揭示了市场容量与劳动分工的互动关系。一方面，随着市场容量的增加，劳动分工进一步细化容易形成规模经济，

两者都降低了企业的生产成本。另一方面，劳动分工容易形成专业化，有利于提高效率、企业收益，为京津冀城市进一步发展提供资金支持。

（二）有利于实现产业集群

京津冀城市集群化有利于降低空间区域内资源的流动性障碍，为河北、北京和天津经济的发展提供了更广阔的市场空间，并为产业集群发展提供了基础条件。一方面，京津冀城市集群发展减少了要素的流动成本，并降低了运输和相互间的交易成本。另一方面，京津冀城市集群发展拓宽了生产要素的流动空间，为生产要素流动提供了更广阔的发挥空间。京津冀城市集群发展的直接目的是降低交易成本和相互利用资源优势，实现京津冀城市共同发展。京津冀城市产业集群的形成促进区域经济的增长，从而带来区域内整体利益的增加。

（三）有利于河北政府制定投资政策，利用比较优势吸引企业驻足

京津冀城市集群发展，河北地处天津和北京周边，河北要利用这种区位优势吸引外资和中资企业驻足，同时重视自我创新能力的培养，鼓励企业进行技术改造和产品升级，以提高在京津冀城市集群发展中的地位。为了缩小河北与北京、天津在知识、技能和生产技术方面的差距，河北政府要充分重视人力资源的开发和制订相应的人力资源开发计划，提高整体劳动素质。

四、政府协调京津冀城市集群发展面临的问题

（一）地方保护主义严重，政府协调存在困难

产业幼稚保护论可能会需要政府对幼稚产业加以保护，限制其他地区该产业的进入，本地区有利的资源可能被保护起来防止外流现象。从目前的发展来看，产业幼稚保护论确实有利于产业短期的发展，企业可以在没有外来

竞争的状况下发展，但是从长远的角度来看，幼稚产业保护论不利于该产业的发展，幼稚产业有可能在发展的过程中因没有外部竞争，存在浪费人力资源的缺陷，这些给政府协调京津冀城市发展带来了困难。

（二）地方政府间恶性竞争，区域公共服务缺失

公共服务属于公共物品既没有竞争性也没有排他性，所以集群内的政府同样存在"搭便车"现象，没有主动采取行动去规避公共物品引起的不良后果，从而造成公共服务受到不利的影响。政府在京津冀城市集群发展中起着非常重要的协调作用，各地方政府应该正确处理好行政区经济与区域经济的发展，以积极进取、充分合作的态度加强地方政府的协调职能。

应以产业转移为纽带，促进区域内的合理分工与协作。按照企业内区域分工的规律积极引导和疏通要素流动。转变政府职能，加强公共服务的建设和维护工作。加强政府的协调职能的前提是地方政府之间通过合作，依靠区域内地方政府间对区域整体利益达成的共识，运用组织和制度去推动京津冀城市集群发展。

五、京津冀区域创新型城市的发展

创新型城市建设是一项巨大的系统工程，涉及经济、社会、科技等诸多方面。因此，准确把握创新型城市建设的进程和发展水平、存在的问题，及时提供对策建议，以确保创新型城市战略目标的实现和发展计划的顺利实施，均具有十分重要的意义。❶

（一）创新型城市建设面临的问题❷

创新型城市是指主要依靠科技、知识、文化、体制等创新要素驱动发展，经济可持续发展水平高，区域辐射与引领作用显著。2010 年，国家将北京海

---

❶ 张晓凤,赵燕等.石家庄市创新型城市建设评价与对策研究.中国经贸导刊,2013(12).

❷ 谢辉.绿色港口与创新型城市互动发展研究——以河北省唐山市为例.理论月刊,2013(12).

淀区、天津滨海新区、唐山市等确定为国家创新型试点城市（区）。随后，在利用区域资源、加快城市转型的过程中，这些城市积极推进创新型城市建设，取得了一定的进展，与北京和天津相比，唐山市尽管已经具备了国家创新型城市试点工作的良好基础，但也存在着一些亟待解决的问题。

1. 区域创新体系与机制不够健全

区域创新体系是指在特定区域内与创新相关的组织、机构和各项要素所组成的整个体系，在区域创新体系中，政府部门是创新的灵魂，企业是创新的主体，科研机构和高校都是重要的创新源，中介机构是沟通创新知识流动的重要组织，教育培训单位是知识生产应用和创新传播的重要环节。唐山市的区域创新体系建设，目前还处在初级阶段，研究、开发、中介和管理机构缺乏衔接、协调和互动。首先，企业的技术创新主体地位尚未真正确立，且各主体对创新的认识不够，技术创新意识比较淡薄。其次，政府、企业、高校、研究机构与中介机构之间的合作与联系少。再次，科技人力资源投入不足且效率不高。最后，创新基础设施不完备且缺乏核心技术。

2. 自主创新资源相对匮乏

目前唐山市仅拥有本科院校 3 所，专科院校 6 所，从事前沿基础研究的研究机构则更少，与周边区域相比，人才培养能力较弱，创新成果储备较少，加之紧邻北京与天津，人才流失严重，无法引进高层次人才和吸引重大项目，不能形成创新人才聚集发展的良好氛围。此外，科技对经济社会发展的支撑作用也不显著，由于企业自主创新意识淡薄、科技投入少，导致科研机构数量较少、档次较低，少数几家实力较强的科研机构也仅限于为各自企业内部服务。最能体现自主创新能力的科学家、工程师、研究与试验发展人员数量少，科技资源的匮乏对自主创新能力的提高形成较大的制约。

3. 产业结构亟待优化

产业结构是指国民经济中各个产业部门之间的比例关系和结合情况。产业结构是国民经济结构的核心，在国民经济发展中，无论是促进经济的增长和效益的提高，还是实现国民经济发展目标，优化产业结构都是一个极为重要的问题。产业结构优化的目标是以农业为基础，基础产业和制造业为支撑，大力发展高新技术产业，全面促进服务业，实现第一、第二、第三产业协调发展。只有促进产业结构优化升级，才能实现经济增长的目标。天津市与唐山市目前工业比重较大，高新技术产业和服务业比重偏低，重工业大于轻工业，导致资源消耗和环境污染严重，在基础产业依旧薄弱的同时，某些行业与部门还存在着严重的生产过剩与生产能力闲置的问题。

4. 自主创新能力不强，缺乏高端创新人才

唐山市企业自身科研、自主创新的能力非常薄弱，独立开发水平低，以企业为主体的科技开发、技术创新体系尚未形成，致使工业产品门类单一，科技含量不高，竞争力不强。高层次人才短缺，在经济行业中的中高级专业技术人才和管理人才严重不足，尖子人才匮乏，企业发展缺少人才支撑，自主创新能力受限，科技发展水平较低。功利化、工具化的科技观仍有不小的市场，企业难以掌握核心技术，重引进、轻消化吸收再创新的问题一直未能得以有效解决。

（二）创新型城市发展的策略❶

区域内各市市委、市政府已充分认识到建设创新型城市的重要性，并唤起了企业的高度重视，在创新成果产出（服务）机构建设上也已取得一定的进展；但由于创新投入和企业产品创新能力较低，影响到城市创新能力的提升。因此，加大力度着重从城市的创新基础投入和平台建设、社会的科技投入和企业的产品创新方面提高城市的综合创新能力是以后工作的重中之重。具体来说，应注意以下几点：地方政府应加大财政科技拨款，加强图书馆和互联网等基础设施的建设，加强知识产权保护，营造鼓励创新的政策、法律和制度环境，加强企业的自主创新能力，建立强调以"产"为龙头带动产学研相结合的长效合作机制等。❷

---

❶ 谢辉. 绿色港口与创新型城市互动发展研究——以河北省唐山市为例[J]. 理论月刊,2013(12).
❷ 张晓凤,赵燕等. 石家庄市创新型城市建设评价与对策研究[J]. 中国经贸导刊,2013(12).

1. 提高认识，科学规划

要实现城市与港口互动协调发展，首先要提高认识，树立港城一体化的思想认识。其次要充分利用环渤海和环京津的区位优势，发挥港口的天然良港优势，与周边区域优势互补、取长补短、共同发展。再次要研究并制定一系列支持港城一体化发展的政策体系，如港口建设政策、港城一体化政策、临港产业政策、人才创新政策。最后要以市场为主导，政府适度参与为原则，培育有竞争力的港城经济，推动港口经济的发展，实现资源环境的整体优化，港城互动，实现共赢，加快建设一流的沿海开放城市。

2. 招商引资，搞活经济

要提高城市和港口的开放度，应加大招商引资力度。首先，港口物流业的优势会吸引跨国公司投资，要积极引进国际知名企业入驻，共建港口经济，带动整个区域搞活；其次，集聚国际知名企业，形成现代物流产业群，可以优化产业结构，提高现代物流产业的规模和质量，吸收先进的现代物流管理经验和服务理念。与此同时，着力引进京津优质科技资源，加强科技创新研发平台建设，努力把唐山建成自主创新优势明显，区域创新体系日趋完善，完善以企业主体，市场为导向，产业竞争能力快速增强的创新型城市。

3. 调整并优化产业格局

努力向新型工业化城市转变，大力发展循环经济，促进节能减排，推进产业发展和发展方式创新，加速形成以高新技术为支撑的产业发展新格局。全面推进城市创新发展，逐步改善城市生态文明，加快推进城乡统筹发展，不断健全创新体制机制，使创新的氛围日益浓厚。此外，城市建设要体现港城统筹规划，港区的规划要体现港城互动发展、港城一体化发展，依托港口优势，大力发展港口物流业，通过发展临港工业和腹地产业带动城市经济，实现港城经济良性互动发展。

4. 以科技创新为支撑

按照科学发展示范区建设的规划和部署，以科技创新为引领和支撑，利用科技资源打造科技创新高地，依托天津与唐山的海洋和煤炭资源优势，以曹妃甸京唐钢铁公司、唐山钢铁集团等大型企业为龙头，掌握国内领先水平以上的自主核心技术。积极围绕曹妃甸为核心的唐山湾"四点一带"开发建设、资源型城市转型、循环经济发展、生态城市建设、城乡一体化等发展建设的创新实践模式，丰富试点内容，推动经济发展方式、城市管理、城乡统筹、社会管理和服务等领域的创新，港城共荣，为同类城市提供经验，做出示范。

5. 打造创新人才团队

要尽快培养和引进一批专业知识丰富、综合素质高的优秀复合人才，为港城经济互动发展贡献力量。积极推进港城经济互动发展的人才队伍建设，对各个岗位的从业人员进行定期培训与继续教育工作，加大对人才队伍的软硬件投资，以提升从业人员的整体业务素质。加大金融、贸易、港口物流等专业人才队伍的培养，提高其专业基本技能和专业管理水平，并集聚海内外高层次人才，培养支撑产业结构调整的领军人才，培育更多的职业技能人才，打造与主导产业紧密相关的产业创新团队。

第六节　京津冀区域联合治污的协调机制

京津冀区域作为中国人口集聚规模最大、区域分布最为密集、产业群分布最为集中的区域之一，随着经济社会的发展，其污染现状也成了全国瞩目的焦点。以京津冀地区污染现状为基础，从投入力度偏低、产业结构调整难、区域合作下的联防联控联治工作尚未进入实质阶段等方面，剖析京津冀区域协调发展下的治污难点，提出京津冀区域联合治污、低碳发展的政策建议。

一、京津冀区域的污染现状

(一) 空气污染全国排名领先

京津冀属同一气候带，大气污染表现出明显的区域协同特征。根据环保部发布的空气质量状况报告，2013 年 5 月份，北京、天津首次进入了污染前十的行列。根据环保部 6 月及上半年对全国 74 个重点城市的监测，京津冀空气质量最差，上半年重度污染以上天次占 26.2%。按照城市空气质量综合指数评价，2013 年上半年，京津冀地区空气质量平均达标天数比例为 31%，低于 74 个城市平均值 23.8 个百分点，主要污染物为 PM2.5，其次是 PM10 和臭氧。PM2.5 平均浓度为 115 微克/立方米，区域内所有城市均未达到 PM2.5 年均值二级标准，均不满足 PM10 年均值二级标准，污染形势严峻。目前，以 PM2.5 为重点的大气污染防治已成为区域发展面临的全新挑战。

（二） 废水及主要污染物排放日益严峻

根据环境保护部公布的 2012 年环境统计年报，废水排放量大于 30 亿吨的省份共 7 个，其中就包括河北省（位列全国第六）。按照排放量依次为广东、江苏、山东、浙江、河南、河北、湖南，7 个省份废水排放总量为 335.1 亿吨，占全国废水排放量的 48.9%。化学需氧量排放量大于 100 万吨的省份有 10 个，依然包括河北（位列全国第五），依次为山东、广东、黑龙江、河南、河北、辽宁、四川、湖南、江苏和湖北，10 个省份的化学需氧量排放量为 1408.7 万吨，占全国化学需氧量排放量的 58.1%。此外，工业废水中石油类排放量大于 700 吨的省份有 10 个，河北位列第 5。

（三） 废气中主要污染物排放日益突出

根据环境保护部公布的 2012 年环境统计年报，2012 年，包括河北省（位列第三）在内的山东、内蒙古、山西、河南、辽宁和贵州等 7 个省份，废气中二氧化硫排放量超过 100 万吨，7 个省份的二氧化硫排放量占全国排放量的 43.2%。氮氧化物排放量超过 100 万吨的省份依次为河北、山东、河南、江苏、内蒙古、广东、山西和辽宁，8 个省份氮氧化物排放量占全国氮氧化物排放量的 49.7%。其中，机动车氮氧化物排放量最大的是河北。烟（粉）尘排放量超过 50 万吨的省份依次为河北、山西、内蒙古、辽宁、黑龙江、新疆、山东和河南，8个省份烟尘排放量占全国烟（粉）尘排放量的53.0％。各地区中，工业烟（粉）尘排放量最大的省份和机动车颗粒物排放量最大的省份均是河北。

（四）工业固体废物排放亦不乐观

2012年，一般工业固体废物产生量较大的省份为河北省，共有4.6亿吨，占全国工业企业产生量的14.0％；一般工业固体废物贮存量较大的省份也为河北省，为2.1亿吨，主要为尾矿，占全省工业企业贮存量的85.0％。

二、京津冀区域的治污难点

（一）投入力度依然偏低

2012年，环境污染治理投资增速与GDP相比呈现正增长，全国环境污染治理投资弹性系数（环境污染治理投资增速/GDP增速）为3.79。26个地区环保投资弹性系数为正值，5个地区弹性系数为负值（环境污染治理投资为负增长），其中包括天津。北京高于全国平均水平，河北低于全国平均水平。

（二）产业结构调整难

京津冀区域里治污的重点和焦点集中在河北省。一方面，河北是个传统产业大省，传统产业占全省工业比重为85％，钢铁、石化、建材占规模以上工业51.6％，2012年，三次产业结构比重为12：52.7：35.3，二产比重过高，资源型重化工业特征明显，工业转型升级任务艰巨，短期内难以取得实质性进展。另一方面，河北省近40％的县（市、区）被列为各类"贫困县"，其中国家扶贫开发重点县39个，远远高于我国其他沿海省份。而按照减排要求，河北的高耗能钢铁企业要全面压缩产能，经济结构将发生重大调整，这对于经济发展处于追赶阶段的人口大省来说，经济社会发展、就业、脱贫等多重压力，无疑也是河北的重要责任。此外，基于人缘、地域、社会关系等多种因素推动，河北天然成为了京津两市产业转移的最大接纳方，也多集中资源消耗高、人口密度大、污染成本高的产业，为河北产业结构的合理布局、节能减排、带动群众脱贫增添了新的压力。

（三）区域合作下的联防联控联治工作尚未进入实质阶段

有数据显示，北京 PM2.5 主要污染物来源区域输送占 25％左右，特定气象条件下，区域输送可能达到 40％。因此，解决大气污染迫切需要区域联防联控联治。目前，虽然京津冀各地都针对自身情况制定出了比较详细的措施，但从联合治理角度看，还欠缺具体操作环节，更高层面的统筹推动尚未开展。

三、京津冀区域联合治污的政策分析

（一）成立京津冀联动机构

推动政策的顶层设计，分解目标，分工协作，构筑区域合力。在区域复合型污染面前，任何一个地区都不能置身事外，独善其身，这已经成为各地共识。鉴于污染的负外溢效应，迫切需要由高于京津冀同一级别的政府机构进行统筹协调，成立京津冀治污联动机构，推动政策的顶层设计与深入实施。尤其要破除区域行政壁垒，建立健全京津冀（空气、水等资源）重污染监测预警体系，加快完善空气重污染应急预案，完善空气重污染预报和过程趋势分析，实施京津冀重污染应急联动。加强各区域在节能、低碳、环保、治污等各项工作的交流与沟通，建立协作长效机制，逐步形成区域互动、畅通有序、协调发展的政策体系。同时，按照"责任共担、信息共享、统筹协商、联防联控"的原则，强化中央与京津冀地区以及京津冀与周边省市之间的交流与沟通，协调各省市开展专项执法宣传活动，不定期组织开展联合执法与宣传，扩大影响，深化认识。

（二）深化政府责任，依法治污

强化政府在联合治污中的角色定位，科学治污。污染的防治是一项长期的艰巨工程，各级政府和职能部门仍需加大在治污领域的投入力度，同时引入市场机制，吸引多元化的市场主体参与到治污行动中，以充足的资金为治污工作的有序展开保驾护航。制定科学合理的环境污染防治标准。标准的设计首先应以切实保障人体健康和生态环境为首要原则，兼顾社会、经济、文化、产业等多重差异化因素，制定科学、合理、动态、可调的环境达标标准。加大治污处罚力度。提高企业的环保意识，合理制定法律法规，明确污染责任归属，并严格执法，让企业为自己造成的污染买单。

（三）构建联合治污领域的成果共享平台

深化合作，降低治污成本。完善对创新、科技研发等高端要素"人才共育，投入共担，成果共享，责任共负"等一系列机制体制，建立统一开放的三地治污创新要素共建共享平台，以及竞争有序的节能低碳环保市场，积极推进北京的科技资源对外辐射，支持企业合理进行产业链布局。促进治污产业链中各种人才、资本、信息、技术等要素实现无障碍流动。培育以"立足治本、兼顾治标、标本兼治、综合治理"为原则，以科学发展观为统领、以人与自然可持续发展、和谐发展为目标，以创新驱动为核心、以依法治污为手段，以科学的绩效评价体系为支撑的权责利高度统一的跨区域联合治污政策体系。

（四）加快产业的转型升级

以产业的互联互动带动河北经济发展，由发达区域带动欠发达区域进行产业升级转型，实现三地协作治污。京津二市转移到河北的产业，应避免过多集中人口密集、资源密集的低端产业，否则大气污染解决了，水污染和固废污染又会成新问题；河北也应加快调整优化产业结构，提高自身承接京津两市战略性新兴产业和现代服务业转移的承载力，以此来优化京津冀三地的产业结构，搭建政府引领与产业协同发展的开放式平台，培育京津冀联合防控污染的重要组织力量。此外，还要深化要素市场改革步伐，建立科学合理的利益平衡机制和资源回补机制，制定相应的激励减排政策，推动联防联控持久深入实施。

参考文献

一、著作类

[1] 吴良镛等.京津冀地区城乡空间发展规划研究二期报告[R].清华大学出版社,2006.

[2] 沈杨,杨爽.大学生就业文献总汇[M].北京:北京林业大学出版社,2009.

[3] 宁越敏.中国大区域的界定与作用[M].中国城市研究(第三辑).北京商务印书馆,2010.

[4] 方创琳,宋吉涛,蔺雪芹.中国区域可持续发展理论与实践[M].科学出版社,2010.

[5] 潘文卿.环渤海区域发展报告(2006).北京:企业管理出版社,2006.43.

[6] 邓星舟.京津冀人口发展战略报告.北京:社会科学文献出版社,2007.

[7] 陈秀山,张可云.区域经济理论[M].北京:商务印书馆,2003:211-214.

[8] 胡焕庸等.世界人口地理.华东师范大学出版社,1992.

[9] 黄河,王兴运.经济法学[M].北京:法律出版社,2008:291-292.

[10] 刘大洪.经济法学[M].北京:北京大学出版社,2007:294.

[11] 中国大百科全书·哲学[M]北京:中国大百科全书出版社,1987:465.

[12] 现代汉语规范词典[M]上海:外语教学与研究出版社、语文出版社,2004:804.

[13] 单飞跃,卢代富.需要国家干预—经济法视域的解读[M].北京:法律出版社,2005:123.

[14] 李云正,张里,包勇贵.党的十七大报告学习汇编[M].北京:中央文献出版社,2007.

[15] 邢会强.宏观调控权运行的法律问题[M].北京:北京大学出版社,2004:8.

[16] 李昌麒.经济法学[M].北京:中国政法大学出版社,2002:48.

[17] 杨紫烜.经济法[M].北京:高等教育出版社,2009:417-418.

[18] 刘大洪. 经济法学[M]. 北京:北京大学出版社,2007:49.

[19] 张丽君等. 地缘经济时代[M]北京:中央民族大学出版社,2006:563.

[20] 张文显. 法理学[M]. 北京:高等教育出版社,2007:375.

[21] 孙海燕. 区域协调发展理论与实证研究[M]. 北京:科学出版社,2008:43.

[22] 史占中,罗守贵. 都市圈经济一体化中的产业集聚与整合[M]. 上海:上海三联出版社,2007.

[23] 周立群,谢思全. 环渤海区域经济发展报告(2008)[M]. 北京:社会科学文献出版社,2008.

[24] 李廉水,[美]Roger R. Stough 等. 都市圈发展——理论演化·国际经验·中国特色[M]. 北京:科学出版社,2006.

[25] 原毅军,董琨. 产业结构的变动与优化:理论解释和定量分析[M]. 大连:大连理工出版社,2008.

[26] 赵国岭. 京津冀区域经济合作问题研究. 北京:中国经济出版社,2006.

[27] 戚本超,景体华. 中国区域经济发展报告(2008~2009)[M]. 北京:社会科学文献出版社,2009.

[28] 杨德勇,张宏艳. 产业结构研究导论[M]. 北京:知识产权出版社,2008.

[29] 刘勇. 区域经济发展与地区主导产业[M]. 北京:商务印书馆,2006.

[30] 刘再兴. 区域经济理论与方法[M]. 北京:中国物价出版社,1996.

[31] 李晓蕙. 中国区域经济协调发展研究[M]. 北京:知识产权出版社,2009.

[32] 郭岚. 中国区域差异与区域经济协调发展研究[M]. 成都:巴蜀书社,2008.

[33] 朱启贵. 区域协调可持续发展[M]. 上海:上海人民出版社,2008.

[34] 余海鹏. 区域共同发展的理论与实践[M]. 北京:社会科学文献出版社,2009.

[35] 祝尔娟. 京津冀都市圈发展新论(2007)[M]. 北京:中国经济出版社,2008.

[36] 祝尔娟. 全新定位下京津合作发展研究[M]. 北京:中国经济出版社,2009.

[37] 祝尔娟. "十二五"时期京津冀发展研究(2009)[M]. 北京:中国经济出版社,2010.

[38] 叶必丰等. 行政协议-区域政府间合作机制研究[M]. 北京:中国经济出版社,2010.

[39] [美]E·博登海默,邓正来译. 法理学—法律哲学与法律方法[M]. 北京:中国政法大学出版社,1999.367.

二、期刊类

[1] 吴岩. 建构中国高等教育区域发展新理论[J]. 中国高教研究,2010(2).

[2] 吴岩. 高等教育强国—中国教育的新使命[J]. 北京教育(高教版),2009(1).

[3] 郭秀晶,桑锦龙,高兵,郭志成. 京津冀区域高等教育合作的行动研究与战略构想[J]. 北京教育(高教版),2010(12).

[4] 李汉邦,李少华,黄侃. 论京津冀高等教育区域合作[J]. 北京教育(高教版),2012(06).

[5] 帅全锋,高菲. 高等教育与京津冀区域协同发展的对策分析[J]. 石家庄职业技术学院学报,2012(1).

[6] 张旭. 浅析河北省旅游资源保护与开发[J]. 科技创新导报,2011(26):236.

[7] 王佳,张文杰. "十二五"期间京津冀区域旅游经济一体化增长格局研究[J]. 燕山大学学报:哲学社会科学版,2012(2):88-91.

[8] 池渤然,王慧元. 河北省旅游资源产品化探析[J]. 燕山大学学报:哲学社会科学版,2005(6):111-112.

[9] 郭岩峰,王晓利. 京津冀区域经济一体化发展战略思考[J]. 特区经济,2011(11):66-67.

[10] 崔冬初,宋之杰. 京津冀区域经济一体化中存在的问题及对策[J]. 经济纵横,2012(5):75.

[11] 祝尔娟,邻晓霞. 推进京津冀区域经济一体化——2011首都圈发展高层论坛综述[J]. 经济学动态,2012(2):1-9.

[12] 吴庆玲,齐子翔. 开启京津冀区域经济一体化新篇章——2011年首都圈发展高层论坛综述[J]. 首都经济贸易大学学报,2012(3):126-128.

[13] 孙久文,邓慧慧,叶振宇. 京津冀区域经济一体化及其合作途径探讨[J]. 首都经济贸易大学学报,2008(2):55-60.

[14] 刘晓春,白婕. 京津冀区域经济一体化的主要问题和对策[J]. 安徽农业科学,2009(21).

[15] 刘邦凡,耿甜,王燕. 我国高速公路综合性服务区的休闲治理研究[J]. 兰州学刊,2011(12):204—206.

[16] 刘邦凡,李玲. 区域经济一体化下电子治理与京津冀制造业的协同发展[J]. 环渤海经济瞭望,2007(1):19.

[17] 郑维荣. 旅游资源一体化管理的认识与探索闪[N]. 中国旅游报,2011(12).

[18] 金宏妍等. 唐山市休闲旅游产业发展策略探究[J]. 知识经济,2012(21):122.

[19] 范晓梅,柳瑞武,雷丹. 论京津冀都市圈区域旅游合作空间结构的重构[J]. 商业时代,2010(19).

[20] 温秀,李树民. 区域旅游合作的动力系统研究[J]. 经济经纬,2010(2).

[21] 金媛媛. 京津区域旅游合作的现状与对策研究[J]. 商业研究,2009(4).

[22] 于莉. 京津冀旅游圈发展问题与对策研究[J]. 宏观经济,2006(4):7-8.

[23] 石海英,班梦姣. 大学生心理健康问题起因及教育对策[D]. 中国科教创新导刊,2011(10).

[24] 簧晓青. 大学生心理健康发展趋势的现状及对策[J]. 科教新报:教育科研,2011(5).

[25] 贾健. 网络对大学生人际交往的影响及干预[J]. 科学与财富,2011(8).

[26] 王萌. 美国、日本、德国在大学毕业生就业中政府作为的研究[J]. 科技信息(学术研究),2008(5).

[27] 韩桂君,刘金. 和谐社会视野下对就业促进法之审视[J]. 法学评论,2008 (3).

[28] 余国林. 国外促进大学生就业的政策措施及对我国的启示[J]. 教育探索,2009(8).

[29] 胡赤弟. 论区域高等教育中学科—专业—产业链的构建[J]. 教育研究,2009(6).

[30] 季学军. 大学生法规认知报告[J]. 中国成人教育,2008(11).

[31] 郭艳. 大学生就业法律问题研究[J]. 法制与社会,2008(8).

[32] 鲍冠艺. 大学生就业法律指导的新视野[J]. 赤峰学院学报(汉文哲学社会科学版),2009(3).

[33] 李友谊,卢彭. 论促进高等学校毕业生就业的法律制度构建原则[J]. 内蒙古财经学院学报(综合版),2009(7).

[34] 川余国林. 国外促进大学生就业的政策措施及对我国的启示[J]. 教育探索,2009(8).

[35] 罗娜. 高校大学生就业难问题成因及对策分析[J]. 经济法,2009(1):14.

[36] 李文荣. 曹妃甸港口经济发展对策探讨[J]. 沿海企业与科技,2006(02).

[37] 陈再齐,曹小曙,阎小培. 广州港经济发展及其与城市经济的互动关系研究[J]. 经济

地理,2005(03).

[38] 张春玲,刘遵峰.港城经济互动发展研究——以唐山为例[J].河北理工大学学报(社会科学版),2009(03).

[39] 王凌峰.海内外主要港口物流发展简况[J].中国水运,2008(11).

[40] 王小慈.唐山市创新型城市建设浅析[J].现代经济信息,2011(10).

[41] 贾洪鑫,江琳琳.欧洲港口物流发展对唐山港发展的启示[J].港口科技,2010(12).

[42] 杨健.浅析我国港口物流的发展与建议[J].科技经济市场,2007(07).

[43] 莫明云.我国港口物流的发展现状及未来发展战略探讨[J].中国高新技术企业,2009(06).

[44] 姜维.我国发展港口物流的主要对策研究[J].经营管理者,2011(03).

[45] 傅亚东.我国港口物流发展对策探讨[J].中国水运(理论版),2006(02).

[46] 周纳.创新型城市建设评价体系与评价方法探讨[J].统计与决策,2010(9).

[47] 蔡嵘.创新型城市评价方法探讨[J].统计与决策,2009(18).

[48] 潘艳平,潘雄锋.我国创新型城市的评价与分析[J].经济问题探索,2010(7).

[49] 鞠宏磊.我国文化"走出去"动力机制研究 [J].编辑之友,2011(11).

[50] 孙秀艳.防治大气污染,京津冀如何联手[N].人民日报,2013(6).

[51] 宁越敏,张凡.关于区域研究的几个问题[J].城市规划学刊,2012(1).

[52] 刘焱,刘利东.京津冀区域框架下的滨海新区发展战略研究[J].城市发展研究,2010(5).

[53] 徐梦洁,张俊凤.长三角区域空间扩张的模式、类型与效益[J].城市问题,2011(9).

[54] 王德利,赵弘.首都经济圈城市化质量测度[J].城市问题,2011(12).

[55] 杨贺,刘金平.城市化与经济增长的空间效应以三大都市圈为例[J].城市问题,2011(12).

[56] 陈红霞,李国平,张丹.京津冀区域空间格局及其优化整合分析[J].城市发展研究,2011(11).

[57] 宁越敏,张凡.关于区域研究的几个问题[J].城市规划学刊,2012(1):48-53.

[58] 王明浩,王勇.京津冀区域城市化研究[J].环渤海经济瞭望,2004(2):5-10.

[59] 刘焱,刘利东.京津冀区域框架下的滨海新区发展战略研究[J].城市发展研究,2010(5):18-21.

［60］徐梦洁,张俊凤.长三角区域空间扩张的模式、类型与效益［J］.城市问题,2011(9):14-20.

［61］陈浩,陆峰.京津冀都市圈城市区位与交通可达性评价［J］.地理与地理信息科学,2008(2):53-56.

［62］王德利,赵弘.首都经济圈城市化质量测度［J］.城市问题,2011(12):16-23.

［63］杨贺,刘金平.城市化与经济增长的空间效应以三大都市圈为例［J］.城市问题,2011(12):24-29.

［64］张亚明,张心怡.中外都市圈发展模式比较研究［J］.城市问题,2012(2):9-14.

［65］杨勇,罗守贵.都市圈形成的基本要素［J］.安徽农业科学,2007(16):5006-5008.

［66］童中贤,肖琳子,何纯.2008 国际都市圈发展论坛综述［J］.经济学动态,2009(5):150-151.

［67］邓慧慧.中国三大都市圈经济增长趋于收敛还是发散［J］.城市发展研究,2011(11):70-73.

［68］陈红霞,李国平,张丹.京津冀区域空间格局及其优化整合分析［J］.城市发展研究,2011(11):74-79.

［69］陈红霞,李国平.1985—2007 年京津冀区域市场一体化水平测度与过程分析［J］.地理研究,2009(6):1476-1483.

［70］李国平,陈秀欣.京津冀都市圈人口增长特征及其解释［J］.地理研究,2009(1):191-202.

［71］师武军,周艺怡,邢卓.国家战略背景下的环渤海地区发展［J］.城市规划,2009:5-9.

［72］于涛方,邵军,周学江.多中心巨型城市区研究:京津冀区域实证［J］.规划师,2007(12):15-23.

［73］孙翠兰.再论空间经济一体化与京津冀区域经济合作［J］.首都经济贸易大学学报,2007(6):64-68.

［74］约翰.弗里德曼.区域规划在中国［J］.国际城市规划,2012(1):1-3.

［75］张继明.加强环渤海区域合作的战略思考［J］.新规划.新视野.新发展,2010(6).

［76］刘建刚.东部地区在率先发展中继续"领路"［N］.中国改革报,2011(4).

［77］吴绍冰等.弥补发展落差还需多方给力［N］.河北经济日报,2011(4).

［78］杜鹰.着力促进区域协调发展［N］.经济日报,2011(5).

[79] 范恒山."十二五"区域发展思路[N].中国经营报,2011(9).

[80] 曾宪植.论"十二五"期间的京津经济合作发展[J].求职,2011(9).

[81] 陈韩晖等.从"规模"引领到"模式"引领[J].南方日报,2011(8).

[82] 范恒山.承前启后改革创新努力开创区域协调发展的新局面[J].财经界,2011(8).

[83] 谭敏.成渝城镇密集区空间集约发展综合协调论[D].重庆:重庆大学博士论文,2011(2).

[84] 高洪深.新区域经济观:理论视野与实践案例[J].西安外事学院学报,2006(3).

[85] 辛华.京津冀区域发展概况与趋势[J].中国国门时报,2007(11).

[86] 周长林.区域视野下的天津城市空间发展战略[J].北京规划建设.2005(9).

[87] 徐孟洲.论中国经济法的客观基础和人文理念[J].法学杂志,2004(4):36.

[88] 李长健.论宏观调控与宏观调控法的理论基础[J].经济师,2005(5).

[89] 祖章琼.从社会结构功能理论的进路思考经济法的作用[J].贵州社会科学,2007(10).

[90] 陆大道.我国区域发展的战略、态势及京津冀协调发展分析.区域经济学[J].区域与城市经济,2009(4).

[91] 张德峰.宏观调控的界定[J].河北法学,2009(1).

[92] 李长健.论市场规制法[J].经济师,2005(3).

[93] 张菊霞.地方经济立法质量问题研究[D].兰州大学,2006(2).

[94] 马春生,薛建兰.改革开放以来山西省地方经济立法回顾与展望[J].山西财经大学学报:高等教育版,2009(1):93.

[95] 卓泽渊.创新型城市与法治[J].法学杂志,2007(3):48-49.

[96] 徐丽红.依托"精品战略"让中国文化"走出去"[N].中国财经报,2011(3).

[97] 马海龙.京津冀区域协调发展的制约因素及利益协调机制构建[J].中共天津市委党校学报,2013(3).

[98] 马轶臻.我国城市规划的困境分析[J].中央民族大学学报,2008.

[99] 谢辉.高校毕业生就业问题的法律保障[J].理论月刊,2012(11).

[100] 谢辉.绿色港口与创新型城市互动发展研究——以河北省唐山市为例[J].理论月刊,2013(12).

[101] 张晓凤,金起文.文化"走出去"的模式及转型"[J].青年记者,2012(33).

[102] 张晓凤.唐山市创新型城市建设评价与对策研究[J].商业文化,2010(9).

[103] 张晓凤,赵燕等.石家庄市创新型城市建设评价与对策研究[J].中国经贸导刊, 2013(12).

[104] 魏勃,周丽晖.关爱天之骄子[J].中国统计,2011(1).

[105] 谢辉.唐山创新型城市绿色发展的策略[J].河北联合大学学报(社会科学版),2014 (3).

[106] 谢辉.高校在创新型城市建设中的作用分析[J].才智,2013(10).

[107] 谢辉.谈促进河北省高校毕业生就业的法律机制[J].新校园理论,2012(10).

[108] 谢辉.环渤海区域行政立法协作机制的构建[J].经营管理者,2013(2).

[109] 谢辉.京津冀区域人才一体化问题研究[J].经济视野,2014(2).

[110] 谢辉.河北省城镇化建设的法治环境研究[J].神州,2014(6).

[111] 谢辉.城乡一体化发展的法律保障机制研究[J].速读,2014(7).

三、外文

[1] Embora N. T. P. Mamuneas & T. Stengos. Pollution Spillovers and U. S. State Productivity Growth. working paper,University of Cyprus,2008.

[2] Embora N. T. P. Mamuneas & T. Stengos. Air Pollution,Spillovers and U. S. State Productivity Growth. workingpaper,University of Cyprus,2010.

[3] HannahYampolsky, Asymptote,FLUX,New York:Phaidom Press,2002.

[4] Sung Kyeong Yong、Park Yang Ho etc:《造成地方分权国家》,Nanam Press(SeouI),2003.

[5] JamesSteele,architecture and computers. London:Lanrence King, 2001.

[6] PhilipJodidio,Architecture Now,Italy:Taschen,2001.

[7] Derrickde Kerckhove,The architecture of intellinence:Birkhauser,2001.

[8] ChristianPongratz, Maria Rita Perbellini, Natural Born CAADesigners. Berlin: Birkhaauser,2000.

[9] MariaLuisa Paiumbo,New Wombs,Beriin. Birkhauser,2000.

后　记

　　京津冀区域是众多专家、学者研究分析的重点，对于京津冀区域如何更加有效、快速地协调发展是国内外热议的话题。京津冀区域刚刚处于基本协调状态，距离京津冀区域整体协调发展，实现区域一体化还有很大的差距。同时，京津冀区域协调发展也呈现出了喜人的态势，协调发展指数的测算结果正趋于上升的趋势，这表明京津冀区域正在朝着一个良好的态势发展，正向一个共同发展的方向迈进。

　　本书从京津冀区域的总体出发，对京津冀区域协调发展的内涵、理论基础、现状问题等进行了初步的研究，对京津冀区域协调发展做了初步探索，对京津冀区域协调发展的总体状况做了分析。内容涉及经济、社会、资源环境的各方面，展示了京津冀区域中各城市的经济规模、城市规模、生活保障、宜居程度、开放程度以及环境保护重视程度等方方面面。分析得出了影响京津冀区域协调发展主要有六个因素：经济层面的财政收入、国内生产总值、第三产业占 GDP 的比重；社会层面的城市供水综合生产能力、城镇居民可支配收入；在资源环境层面产生影响最大的是环境污染治理投资额。最后提出了京津冀区域协调发展的对策和合理化的建议，给出了京津冀区域协调发展的策略。

　　总之，促进京津冀区域的发展，统筹是基础，合作是实质。只有统筹区域发展，才能充分发挥各方的优势和积极性，进而实现共同发展。积极发展京津冀区域的合作，不仅有利于优化区域资源配置，促进区域产业结构调整升级，而且还有利于提升区域的整体竞争力，形成区域协调发展的互利共赢局面。

谢辉

2015 年 4 月